职业院校活页式系列教材

网店运营

活页式教材

主　编　陈礼红　王细决
副主编　张荣荣　董伟啟　谢明秋

北京理工大学出版社
BEIJING INSTITUTE OF TECHNOLOGY PRESS

版权专有　侵权必究

图书在版编目（CIP）数据

网店运营 / 陈礼红，王细决主编. -- 北京：北京理工大学出版社，2024.4

ISBN 978-7-5763-3867-6

Ⅰ.①网… Ⅱ.①陈…②王… Ⅲ.①网店-运营管理-高等学校-教材 Ⅳ.①F713.365.2

中国国家版本馆CIP数据核字（2024）第084346号

责任编辑：李慧智　　**文案编辑**：李慧智
责任校对：周瑞红　　**责任印制**：施胜娟

出版发行 / 北京理工大学出版社有限责任公司
社　　址 / 北京市丰台区四合庄路6号
邮　　编 / 100070
电　　话 / （010）68914026（教材售后服务热线）
　　　　　（010）68944437（课件资源服务热线）
网　　址 / http://www.bitpress.com.cn

版 印 次 / 2024年4月第1版第1次印刷
印　　刷 / 河北盛世彩捷印刷有限公司
开　　本 / 787 mm×1092 mm　1/16
印　　张 / 10.25
字　　数 / 238千字
定　　价 / 45.00元

图书出现印装质量问题，请拨打售后服务热线，负责调换

前　言

党的二十大报告提出，加快发展数字经济，促进数字经济和实体经济深度融合，打造具有国际竞争力的数字产业集群。《"十四五"数字经济发展规划》中提到，到2025年，数字经济迈向全面扩展期，数字经济核心产业增加值占GDP比重达到10%。电子商务是数字经济最主要的组成部分，是数字经济发展的牵引者，发展电子商务是发展数字经济的重要抓手。

随着电子商务行业的高速发展，电商行业对岗位技能的要求也越来越精细化、多元化，电商企业急需更多的专业技能人才。"网店运营"是电子商务从业人员学习核心技能的课程，所以在编写本教材时，作者紧跟时代发展，结合了行业发展趋势和自身多年开店经验，选用电子商务领域具有相当广泛影响力的淘宝网作为学生学习实践平台，以开店的全流程为主线，设立5个项目作为任务引领，培养学生网上创业实践能力。各项目的具体内容分别为：

项目一开店准备，本项目中主要向电商领域初学者介绍在开网店之前应该做的准备工作，包括如何进行选品、店铺定位、开店材料准备等内容。

项目二网店装修，本项目是基于店铺成功搭建后展开的店铺装修内容，卖家可以根据品牌定位、店铺风格定位及产品的类目属性，对店铺进行包括店铺首页、活动海报、商品主图、商品详情页等相关内容的装修设计，以求能通过店铺视觉营销设计，从感官上进一步打动消费者，促成商品交易。

项目三网店日常管理，本项目主要以如何进行商品上下架处理、具体的商品信息填写操作注意事项及客户服务管理内容为主，引导学生规范上下架产品，并做好产品规格、价格、物流信息等内容设置，正确处理客户问题及订单。

项目四网店推广，在店铺运营过程中，推广引流起着至关重要的作用，本项目主要是以如何使用站内外各类营销工具进行引流推广为核心，引导学生掌握引流工具的使用技巧及方法。

项目五网店数据分析，本项目以培养学生数字化运营思维为出发点，引导学生通过对推广过程中的核心数据内容进行分析总结，做出下一步的营销策划改进。

本书内容层层深入，坚持"岗课赛证"融通，课程项目内容贴合真实网店运营专员岗位需求，符合电子商务师、互联网营销师职业标准，达到电子商务技能大赛能力要求。课程任务训练也充分结合"'1+X'网店运营推广"模拟平台及ITMC电子商务综合实训与竞赛系统进行开展，高效地引导学生完成网店的管理和运营等基本操作，并树立正确的网店运营及营销理念。

本书可作为高职院校电子商务专业的教学用书，也可供从事淘宝网店运营工作的相关人员学习和使用，衷心希望本书内容能够对各位读者带来帮助。尽管本书在编写过程中力求准确、完整，但由于编者水平有限，书中难免存在不足和疏漏之处，恳请广大读者批评指正。

编　者

目　　录

项目一　开店准备 （1）

任务一　常见的网店平台 （1）
　　一、淘宝网 （2）
　　二、天猫商城 （2）
　　三、京东商城 （2）
　　四、唯品会 （2）
　　五、拼多多 （2）
　　六、抖音商城 （3）

任务二　一分钟开通淘宝网店 （3）
　　一、注册淘宝账户 （3）
　　二、支付宝实名认证 （4）

任务三　网店基本设置 （7）
　　一、设置网店名称 （7）
　　二、上传网店标志 （8）
　　三、填写网店简介 （8）
　　四、填写网店介绍 （9）
　　五、"订单管理"栏目 （9）
　　六、"商品管理"栏目 （10）

任务四　货源渠道 （10）
　　一、常见的货源渠道 （10）
　　二、选择货源的一般注意事项 （12）

任务五　常见开店网络骗局 （12）

本章小结 （12）

项目二　网店装修 （14）

任务一　认识电商视觉营销 （15）
　　一、视觉营销 （15）
　　二、视觉营销的分类 （15）
　　三、店铺中的视觉营销应用 （15）
　　四、视觉营销之配色 （19）
　　五、视觉营销之文案 （22）

六、视觉营销之字体风格 …………………………………………………（23）
七、视觉营销之构图 ………………………………………………………（25）
任务二 商品的发布 ……………………………………………………………（28）
一、网店商品的选择 ………………………………………………………（28）
二、商品的拍摄处理 ………………………………………………………（29）
三、商品发布的流程 ………………………………………………………（36）
四、商品标题的设置 ………………………………………………………（41）
五、商品主图的优化 ………………………………………………………（42）
六、商品描述的撰写 ………………………………………………………（44）
七、消费者保障服务——现金保证金/保险保证金 ……………………（45）
任务三 网店装修 ………………………………………………………………（46）
一、网店装修 ………………………………………………………………（46）
二、手机端装修 ……………………………………………………………（47）
三、PC 端装修 ……………………………………………………………（48）

项目三 网店日常管理 ……………………………………………………………（57）

任务一 网店客服 ………………………………………………………………（58）
一、网店客服分类 …………………………………………………………（58）
二、客服工作内容 …………………………………………………………（58）
三、客服服务技巧 …………………………………………………………（61）
任务二 千牛工作台——接待中心 ……………………………………………（64）
一、千牛工作台 ……………………………………………………………（64）
二、千牛工作台的设置 ……………………………………………………（65）
三、智能客服店小蜜 ………………………………………………………（69）
任务三 商品交易管理 …………………………………………………………（74）
一、订单管理 ………………………………………………………………（74）
二、退货、退款 ……………………………………………………………（75）
三、评价管理 ………………………………………………………………（75）
任务四 仓储管理 ………………………………………………………………（79）
一、仓储的概念 ……………………………………………………………（79）
二、仓储的功能 ……………………………………………………………（79）
三、仓储管理流程 …………………………………………………………（80）
小结 ……………………………………………………………………………………（85）

项目四 网店推广 …………………………………………………………………（87）

任务一 认识流量的结构 ………………………………………………………（88）
一、自然流量 ………………………………………………………………（88）
二、付费流量 ………………………………………………………………（90）

任务二　店内推广 (93)
　　一、店铺营销工具 (94)
　　二、优惠券 (95)
　　三、单品宝 (102)
　　五、搭配宝 (112)

任务三　站内推广 (117)
　　一、直通车 (117)
　　二、引力魔方 (120)
　　三、万相台 (122)
　　四、淘宝客推广 (123)
　　五、淘金币 (124)
　　六、淘宝活动 (129)
　　七、淘宝直播 (130)

任务四　站外推广 (132)
　　一、返利类网站 (132)
　　二、导购类网站 (133)
　　三、社交类网站 (134)

小结 (138)

项目五　网店数据分析 (141)

任务一　网店运营数据分析的意义和流程 (142)
　　一、网店运营数据分析的意义 (142)
　　二、网店运营数据分析流程 (142)

任务二　网店运营数据分析的核心数据 (144)
　　一、流量数据 (144)
　　二、网店主要页面数据 (145)
　　三、客服数据 (146)
　　四、店铺动态评分数据 (146)
　　五、转化率数据 (146)
　　六、其他数据 (147)

任务三　常用的网店数据分析工具 (148)
　　一、生意参谋 (148)
　　二、阿里指数 (150)
　　三、百度指数 (151)

小结 (152)

参考文献 (154)

项目一

开店准备

 学习目标

素质目标：
- 通过常见开店网络骗局案例提高学生网络安全意识。

知识目标：
- 通过开店使学生掌握在网店定位过程中相关的知识和能力。
- 通过开店使学生掌握在网店注册中相关的知识和能力。

技能目标：
- 能够开通自己的淘宝网店，进行实名认证，完善店铺基本设置。
- 学会网店取名的一般规则和方法。
- 学会辨别网店常见网络骗局及网络陷阱。

项目导入

网上开店就是卖家自己搭建或在相关网店平台（如淘宝网、京东）上注册一个虚拟的网上商店（简称"网店"），然后将代售商品信息发布到网页上。对该商品感兴趣的浏览者（潜在买家）通过浏览商品信息、与客服沟通及买家评论信息等进行选择，然后通过线上或线下支付方式向卖家付款，卖家通过物流将商品发送至买家，从而完成整个交易过程。

本章主要介绍常见的网店平台、开通淘宝网店的流程、网店基本设置、货源渠道及常见开店网络骗局等。

任务一　常见的网店平台

互联网让网上购物人群不断发展壮大，商品范围越来越广泛，使网上购物超越了传统购物方式，为越来越多的人尤其是年青一代所接受和喜爱，更多的人想利用网上开店实现自己创业的梦想。选择适合自己的网店平台对后期推广和销售至关重要，这就需要我们了解常见的网店平台。

不同的平台，售卖商品的侧重点也是不同的，常用的网上购物平台有淘宝、天猫、京东、唯品会、拼多多、抖音等。

网店可以划分为不同类型，如 B2B、B2C、C2C 等。个人用户适合在淘宝网等 C2C 平台开设网店，企业用户可以选择在天猫商城、京东商城等 B2C 平台开设网店。

一、淘宝网

淘宝网成立于 2003 年 5 月，由阿里巴巴集团投资创办，是亚洲第一大网络零售商圈，也是深受国人喜爱的网购零售平台。随着其规模的扩大和用户数量的增加，淘宝网也从单一的 C2C 网络集市变成了包括 C2C、团购、分销、拍卖等多种电子商务模式在内的综合性零售商圈，目前已经成为世界范围的电子商务交易平台。

二、天猫商城

天猫（英文 Tmall，亦称淘宝商城、天猫商城）是一个综合性购物网站。2012 年 1 月由原名淘宝商城正式更名为"天猫"，由知名品牌的直营旗舰店和授权专卖店组成，拥有 10 万多个品牌商家，现为阿里巴巴集团的子公司之一。

三、京东商城

京东商城（JD）成立于 2004 年 1 月，是中国最大的自营式电子商务企业。京东商城以"产品、价格、服务"为核心，致力于为消费者提供质优、价廉的商品，同时推出"211 限时达""售后 100 分""全国上门取件""先行赔付"等多项专业服务。京东商城和天猫商城一样，都属于 B2C 电子商务平台。

四、唯品会

唯品会（VIPS）成立于 2008 年 8 月，在中国开创了"名牌折扣+限时抢购+正品保障"的创新电商模式，并持续深化为"精选品牌+深度折扣+限时抢购"的正品特卖模式，被形象地誉为"线上奥特莱斯"。主营业务为互联网在线销售品牌折扣商品，涵盖名品服饰鞋包、美妆、母婴、居家等各大品类。

五、拼多多

拼多多成立于 2015 年 9 月，是国内移动互联网的主流电子商务应用产品，专注于 C2M 拼团购物的第三方社交电商平台。通过沟通分享形成的社交理念，形成了拼多多独特的新社交电商思维,用户通过发起和朋友、家人、邻居等的拼团,可以以更低的价格购买优质商品。

六、抖音商城

抖音商城是字节跳动公司旗下抖音 App 中所运营的电商商城。字节跳动公司旗下的抖音 App 中,2021 年 8 月已经运营有抖音商城服务,在商城中包含着抖音店铺,还有抖音橱窗。商家可在抖音商城中开设店铺,进行电商销售。抖音用户可通过抖音商城购买商品。

任务二　一分钟开通淘宝网店

一、注册淘宝账户

(1) 登录淘宝网首页(www.taobao.com),单击"免费注册"按钮,如图 1-1 所示。

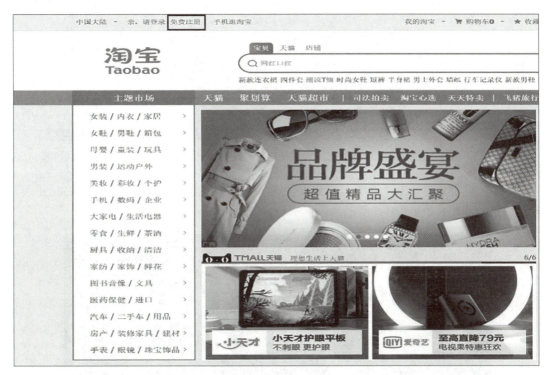

图 1-1　淘宝网首页

(2) 通过手机号码注册验证,填写完相关个人资料,单击"同意协议并注册"按钮,账号注册成功(如果作为买家已经注册淘宝会员,作为卖家可以与买家使用同一会员账号),如图 1-2 所示。

图 1-2 通过手机号注册验证

二、支付宝实名认证

(1) 打开淘宝网首页并登录,单击"免费开店"按钮,如图 1-3 所示。

图 1-3 单击"免费开店"按钮

(2) 在网店类型中选择"个人店铺入驻",完善开店资料后单击"已准备好,开始开店"按钮,如图 1-4、图 1-5 所示。

图 1-4 选择"个人店铺入驻"

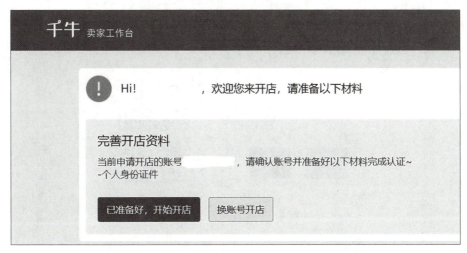

图 1-5 单击"已准备好,开始开店"按钮

(3)完成支付宝实名认证,单击"去认证"按钮,完成证件图片上传,并勾选"同意将证件保存至卡包证件夹",单击"确定提交"按钮,如图 1-6、图 1-7 所示。

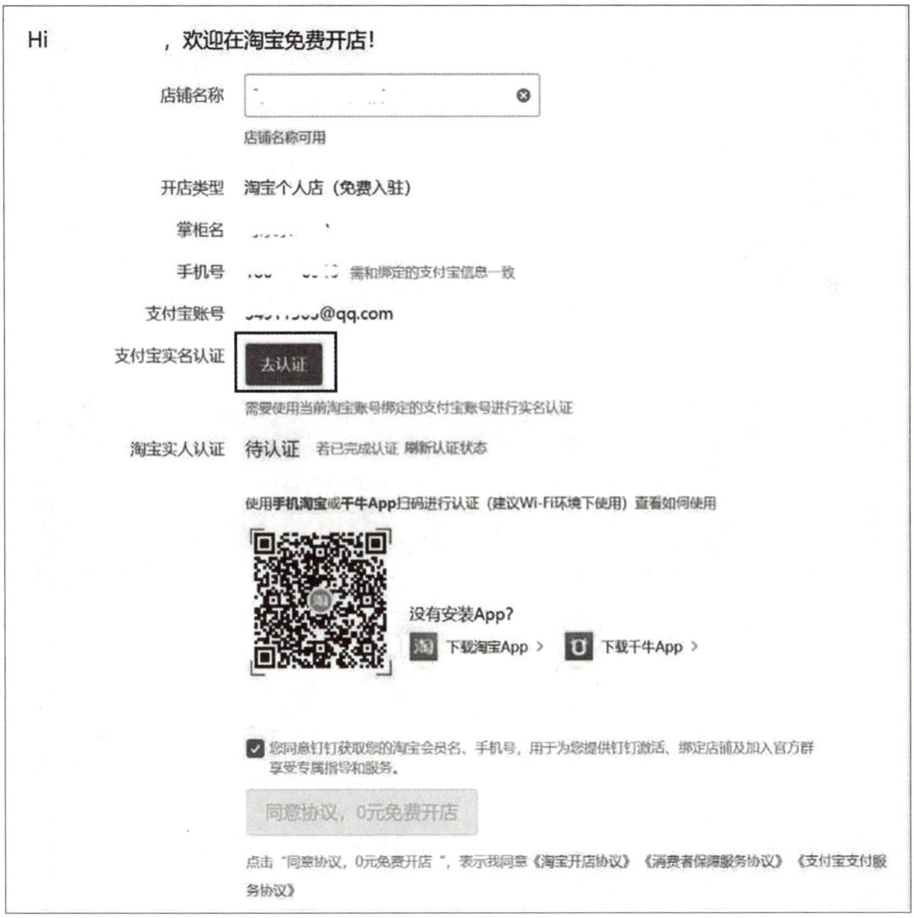

图 1-6 单击"去认证"按钮

图1-7 上传本人身份证图片

（4）使用"手机淘宝"或"千牛App"扫码完成淘宝实人认证。认证完成后填写"淘宝商家创业档案"，店铺开通完成，如图1-8、图1-9所示。

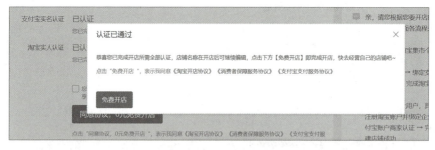

图1-8 完成认证

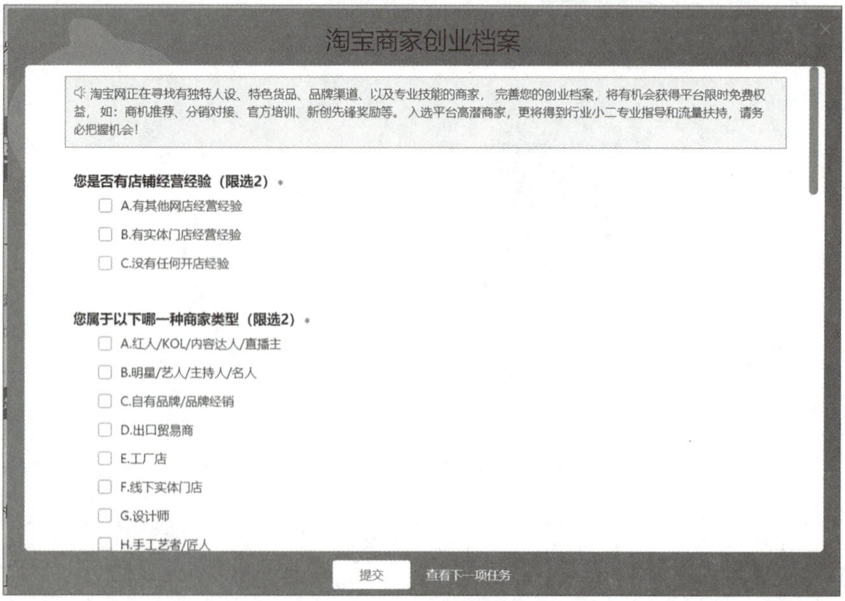

图1-9 填写"淘宝商家创业档案"

个人在淘宝网开店的资料：银行卡、手机号码，必须与同一身份证绑定。

任务三　网店基本设置

千牛卖家中心是卖家网店的"总控制台"，几乎所有的操作都可以从千牛卖家中心左侧栏目进入，图1-10所示为千牛卖家中心的部分截图。千牛卖家中心的栏目主要有"交易管理""自运营中心""物流管理""宝贝管理""店铺管理""店铺服务""营销中心""数据中心""货源中心""淘宝服务""淘宝客服"等。点击每个栏目右侧的图标">"，可以看到更详细的子栏目。其中，"交易管理""宝贝管理""店铺管理""营销中心""客户服务"五个栏目构成了网店日常运营的主要内容，是淘宝网店的"大脑"。

图1-10　千牛卖家中心的部分截图

淘宝网店开通完成后，卖家需要对网店名称、网店标志、网店介绍等信息进行设置。登录淘宝平台，依次单击"千牛卖家中心"→"店铺管理"→"店铺基本设置"按钮，进入如图1-11所示界面。需要卖家设置网店名称，上传网店标志、填写网店简介、经营地址、主要货源、店铺介绍。

一、设置网店名称

网店名称要简短、通俗，避免生僻繁杂字，同时要避免使用数字和字母。网店名称具有唯一性，如果提交审核时存在重名，设置会失败，需要更换网店名称并重新提交。网店名称一般应遵循以下原则：

（1）容易记住。这样买家才会容易记住并想起你的网店。

（2）相关性强。与商品相关，如做饰品配件，可以使用"××饰品店"之类的名字。

（3）体现品牌。比如，"七格格"很容易让人联想起女装，作为品牌名称，销售该品牌服装网店的名称中一定要包含这三个字。

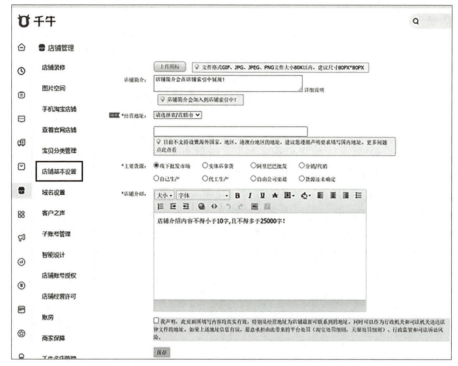

图 1-11　店铺基本设置

二、上传网店标志

淘宝网店标志简称"店标"。店标要体现网店的风格、店主的品位、商品的特性等，应起到宣传的作用。店标的文件格式可以是 GIF、JPG、JPEG、PNG，大小为 80 KB 以内，建议尺寸为 80 像素×80 像素。设计淘宝店标时要注意以下三个方面：

（1）注意整体构思，切合主题，可以凸显网店的主营业务，也可以强调店名的内涵。

（2）围绕主题选择素材，可以通过动植物、人物等来展现。

（3）注意色调，不同的色调给人的感觉和代表的含义都是不同的。因此要根据店标的风格选择色调，而且色调要与整个版面相匹配。

三、填写网店简介

网店简介会加入店铺索引中。网店简介的编辑格式为"【掌柜签名】/【店铺动态】/【主营宝贝】/其他修饰词"。

掌柜签名指的是网店的签名或网店的梦想展示，如"你的私人衣橱"。掌柜签名可以很好地表达网店的特点，但是不要太过夸大，以免适得其反。

店铺动态指的是网店最近的促销信息，如全场包邮、部分商品五折等。网店动态需要最新的促销信息或上新动态，并且要真实客观。如果信息虚假，会失去买家的信任，反而得不偿失。

主营宝贝指的是网店所售商品的主体类型和风格等，如民族风羽绒服、打底裤等。主营宝贝要尽量填写网店所售商品的类型、适合的人群、风格等,要真实客观,这是区分本网店与其他网店的一种很好的方式,切勿堆砌使用与自己网店无关的词语。

四、填写网店介绍

在网店介绍区可填写网店的整体情况,这也是宣传网店的一种方式。可以只是简洁明了地介绍网店的基本信息,也可以详细介绍网店的开店时间、主营商品、促销信息、物流方式、售后服务、联系方式、温馨提示等更多内容。

五、"订单管理"栏目

"订单管理"栏目包括"已卖出的宝贝""退款管理""评价管理"等子栏目,如图1-12所示。

图1-12 "订单管理"栏目

(1)"已卖出的宝贝"子栏目展示的是已经销售出去的商品的数量、金额、日期等内容。

(2)"退款管理"子栏目展示的是退货、退款及售后等相关内容。

(3)单击"评价管理"按钮进入评价中心。评价中心分为"数据概览"和"评价管理"。在"数据概览"中可以看到评价统计(最近1周、最近1个月、最近6个月、累计评价等)、店铺动态评分(7天、30天、起止日期)等;"评价管理"包括来自买家的评价、来自卖家的评价、给他人的评价、已处置的评价。

六、"商品管理"栏目

"商品管理"栏目包括"我的宝贝""发布宝贝""商品装修""商品素材""图片空间""视频空间""仓储库存""价格竞争力"8个子栏目,如图1-13所示。

在"发布宝贝"子栏目中可以发布要出售的商品;在"我的宝贝"子栏目中可以看到目前在售的商品,也可以随时对这些商品信息进行编辑、下架等操作。

图1-13 "商品管理"栏目

任务四 货源渠道

货源的好坏与网店的动态评分有直接关系,并影响网店的运营。因此,如何寻找货源、如何选择货源,对于新手卖家至关重要。

选择货源时,一般应注意货源稳定、有利润空间等。货源要稳定,不能经常断货,货源不稳定会影响销售,如果订单不能及时发货,一方面,卖家可能会面临退款问题,另一方面,活动平台会对此有相应的处罚,如禁止参加活动一年等;有利润空间是选择货源的关键,只有存在利润空间,才可能进行后续的网上销售业务。此外,商品还需要质量与价格相匹配。如果货源是品牌产品,需要得到授权,否则可能会被举报或被平台处罚。

一、常见的货源渠道

(一)淘宝官方平台

(1)阿里巴巴批发网(www.1688.com)是国内最大的线上采购批发平台,为数千万网商提供了海量商业信息和便捷、安全的在线交易市场,也是网商互动的社区平台。目前阿里巴巴已覆盖原材料、工业品、服装服饰、家居百货、小商品等 12 个行业大类，提供原料、生产、加工、现货等一系列的产品和服务。

（2）天猫供销平台提供的是品牌商品，商品品质较好，但厂家对销售商有一定的要求，如信用等级、好评率达到 99% 等，一般在厂家的招募书中可以看到详细的要求。依次单击"千牛卖家中心"→"货源中心"→"分销管理"→"供销入驻"按钮进入天猫供销平台，如图 1-14 所示。

图 1-14　天猫供销平台

天猫供销平台其实和阿里巴巴性质是一样的，都是针对商家的一个采购平台，不过阿里巴巴相对天猫供销平台来说更加完善，商品种类以及品牌各方面都要比天猫供销平台多。但是天猫供销平台有其他的优势，天猫供销平台中的供应商大多数是已经入驻了天猫平台的品牌商家，由这些品牌商家提供货源。

（二）线下批发市场

一些线下批发市场也是卖家寻找货源的不错选择，如义乌小商品城等，批发市场商品更新、更快、品种更多，但是容易断货，品质难以得到保障。

（三）其他货源

除了以上货源渠道外，还可以通过以下渠道找到合适的货源：

（1）库存积压或清仓处理的商品。这类商品因为急于处理，通常可以很低的价格买下，然后通过网店零售给需要的买家，也能获得不错的利润。

（2）当地的特色农产品。特色农产品在主要产地出产量大，方便直接和农户对接，从而降低成本，对农产品进行销售，既可以降低农村商业成本、扩大农村商业领域，又可以发展农村电子商务。

二、选择货源的一般注意事项

（1）货源稳定：货源不稳定会影响销售，如果卖出的商品不能及时发货，一方面卖家可能会面临退款问题，另一方面活动平台会对此有相应的处罚，如在卖家保证金中罚款、禁止参加活动等。

（2）质量过硬：商品的质量过硬，能更好地维护买家与店铺的黏性，同时也能获得买家对店铺的信任。

（3）稳定利润：有利润空间是选择货源的关键，只有存在利润空间，才可能进行后续的网上销售业务。

任务五　常见开店网络骗局

（1）骗子以买家身份在店铺下单，但是不付款，然后在订单的备注栏留言"你的店铺失常，无法付款，请加QQ1234567联系工作人员修复"等，欺骗卖家添加第三方平台以为后期诈骗做铺垫。

（2）骗子以官方的身份，通过旺旺告知卖家店铺被冻结，假装自己是官方客服，发布二维码让你扫码解冻。

（3）骗子以培训机构官方身份，诚邀卖家加入第三方群聊，告知你可以通过缴费培训迅速提升店铺的销售额。

（4）骗子以多重身份通过旺旺联系卖家，设计连环骗局骗取信任，实施诈骗。

总之，网络骗局层出不穷，我们只要做到遇事沉着冷静、提高警惕、不贪小便宜、懂法守法，骗子是不会得逞的。

本章小结

本章内容是网店运营的基础，首先介绍了常见的网上开店平台，然后以淘宝网为例介绍了在淘宝平台开店的步骤及注意事项、后台操作及网店基本设置、网店货源的选择渠道和选择货源的注意事项，以及常见的开店网络骗局，提醒新店卖家谨防上当受骗。

实训任务

任务一　开通淘宝网店
根据淘宝网开店的步骤和注意事项，申请并开通自己的淘宝网店，完成实名认证。

任务二　完成店铺基本设置
通过依次单击"千牛卖家中心"→"店铺管理"→"店铺基本设置"按钮，在出现的界面填写相关资料，完成店铺名称、店铺标志、店铺简介等基本设置。

任务三 查询淘宝网开店规则

通过淘宝网查询有关开店的相关规则，避免在开店过程中违规受罚，同时警惕网络骗局。

课后习题

一、名词解释

1. 支付宝实名认证：
2. 淘宝开店认证：
3. 店标：

二、单项选择题

1. 一个淘宝会员最多可以绑定（　　）个支付宝账户。
   A. 1个　　　　　　　B. 2个　　　　　　　C. 3个　　　　　　　D. 不限
2. 下列关于会员名注册的要求中，（　　）是正确的。
   A. 会员名由6~25个字符组成
   B. 会员名可以使用小写字母、数字、下画线、中文
   C. 会员名可以由两个汉字组成
   D. 会员名是淘宝账号唯一的登录方式
3. 登录卖家中心时需要安全验证的淘宝工具是（　　）。
   A. 支付宝　　　　　B. 手机淘宝　　　　　C. 阿里钱盾　　　　　D. 千牛工作台
4. （　　）属于无效交易凭证。
   A. 旺旺留言　　　　　　　　　　　　　　B. QQ聊天记录截图
   C. 支付宝转账记录　　　　　　　　　　　D. 评价管理

三、简答题

1. 常见的网上开店平台有哪些？各有什么特点？
2. 在淘宝网开店的基本流程是什么？
3. 卖家中心有哪些主要栏目？如何对网店进行基本设置？
4. 常见的货源渠道有哪些？如何选择好的货源？

项目二

网店装修

 学习目标

素质目标：
- 培养学生在工作实践中要注重细节。
- 培养"工匠精神"，培养坚持不懈、持之以恒的职业精神。
- 把握新时代发展方向，培养与运用创新思维。
- 培养和提升美学意识。

知识目标：
- 通过任务使学生掌握在网店商品发布过程中相关的知识和能力。
- 通过任务使学生掌握在网店装修过程中相关的知识和能力。

技能目标：
- 学会图片处理、色彩搭配、广告创意、商品分类、分类设置、商品定时发布、立即上架。
- 学会通过SEO工具对宝贝标题关键词进行优化编辑。
- 学会通过视觉营销美化店铺、无线端与PC端网店装修模板使用、店招、店标、主图、详情页的制作。

 **项目导入**

对于网店而言，装修的目标是要能够体现本网店的风格，方便买家浏览与购买，为买家提供良好的购物体验，使买家对网店产生认同感和信任感。

网店的视觉元素主要体现在网店整体规划设计、页面布局、广告焦点图设计、商品主图及商品详情页设计等方面。当网店招牌、导航、布局及陈列方式体现出品牌的特色时，会使用户对网店产生好感与信任感，进而愿意去了解店内的商品。如果店内的商品能够充分满足买家的需求,就会促使其产生购买行为,购物体验良好的买家甚至会成为网店的忠实客户。

任务一　认识电商视觉营销

一、视觉营销

(1) 视觉:视觉是人的第一感觉,是人们获取外界信息的主要途径,人们对物体的大小、颜色等的感知都可以依靠视觉来获取。从电商心理学的角度来看,有效的视觉刺激可以引起消费者对商品和品牌的高度关注,加深他们对商品和品牌的印象,进而潜移默化地使其对商品和品牌形成特殊的印象和联想。

(2) 营销:营销简单来说就是创造价值、获取利润。电商视觉营销主要通过影响人们的视觉感受来达到营销的目的,其中视觉只是营销的手段,要真正创造利润,还必须满足消费者的实际需求。

在电子商务环境中,要想最终获得利润,视觉营销是必不可少的手段。对于商家而言,文字、图片、色彩、版式等都是视觉传达的有效手段,也是体现营销的重要元素。商家通过文字、图片、色彩等可视化信息增加商品和店铺的吸引力,提高消费者的消费兴趣,刺激消费者的购买欲望,从而达到推广商品或服务的目的。

二、视觉营销的分类

现在的视觉营销功能与范围已经有了很大的拓展,本节以电子商务领域为主,分为以下三类:

(1) 品牌视觉:让人记住你,表现你的产品与众不同,包含Logo、色系、字体、包装、摄影。

(2) 营销视觉:主要考核的是点击率、钻展图片、直通车、店内促销海报。

(3) 产品视觉:是决定转化率的关键,包括店铺装修、宝贝描述、宝贝详情。

在互联网的广告时代,广告只有3秒的生存空间,要么被略过,要么被点击。

三、店铺中的视觉营销应用

(1) 店铺首页视觉营销。店铺首页是店铺非常重要的流量页面,是消费者查找商品分类、浏览全店商品时会经常跳转到的页面。店铺首页的视觉效果直接代表着店铺的风格和调性,店铺首页的视觉营销信息是消费者了解店铺活动的重要途径。图2-1所示为店铺首页的视觉营销效果,既展示了店铺的主要商品,又对店铺的营销活动进行了推广。

(2) 店铺Logo的视觉营销应用。店铺Logo是塑造品牌记忆点的重要道具,虽不能为店铺引入直接流量,但对传播品牌、提高商品知名度都起着很大作用;优秀的店铺Logo设计甚至可以提高店铺的知名度,培养消费者的忠诚度,进而提高店铺的销量。店铺Logo的设计一般遵循简洁、便于记忆等原则。很多网上店铺的Logo都选择直接使用品牌名称进行

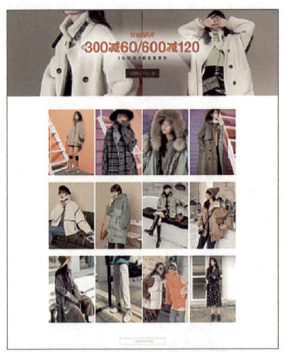

图 2-1　店铺首页的视觉营销效果

设计,而很多著名品牌则有专门的店铺 Logo,这些品牌通常拥有比较广泛的传播度,在消费者心中已经建立起比较明确的品牌形象。图 2-2 所示的茵曼服装品牌直接使用品牌名称作为店铺 Logo。

图 2-2　茵曼服装品牌店铺 Logo 图

（3）商品主图视觉营销。商品主图视觉效果的好坏直接与流量的多少相关,一张视觉效果优秀的商品主图不仅可以为店铺带来大量流量,还可以提高商品在同类竞争商品中的整体排名,更容易被消费者点击,进而提高成交量。

消费者在电商平台的搜索系统中搜索商品时,首先看到的就是商品主图。商品主图是引导消费者进入店铺的图片,主要起引流的作用。在进行商品主图的视觉设计时,视觉效果、营销效果均应得到体现。因此,作为营销主体的商品主图,在拍摄、剪裁、设计等方面都要进行仔细挑选和甄别,以便更好地展现商品。此外,为了打动消费者,在营销方面也要注意精练地展示商品的价值,列出可以让消费者动心的元素,勾起消费者的好奇心,引导其对图片进行点击,从而进一步了解商品,如图 2-3 所示。

图 2-3　商品主图视觉营销效果

（4）商品详情页视觉营销。商品详情页视觉效果与商品转化率直接相关,当消费者进入商品详情页后,能够引人注意的商品详情页视觉设计可以在第一时间留住消费者。商品详情页视觉设计的主要任务是向消费者传达更多的商品信息,因此,在商品详情页视觉设计中通常会介绍商品的基本信息、卖点、性能、品质、服务等。为了引导消费者购买商品,商家在进行商品详情页的视觉设计时,还要懂得挖掘消费者对商品的真实需求,给消费者构建一个清晰的商品印象,使其对商品产生信任,最终促成其购买。商品详情页设计的颜色搭配、排版、文案、逻辑结构等均会对商品详情页的整体视觉效果产生影响,图 2-4 所示的商品详情页视觉设计,围绕消费者的需求依次展示了商品的外观、卖点、产品参数等,营造了充满吸引力的商品营销氛围。

（5）商品活动页视觉营销。商品活动页是店铺活动期间的重要流量落地页面,其主要目的是介绍和展示活动,营造热烈的活动氛围,并激发消费者参与活动的积极性,吸引其点击、浏览和购买。在店铺活动期间,商家可将店铺首页设计成商品活动页,也可在平台专门设立的活动板块中单独设计活动页。活动页是体现视觉营销的重要页面,不仅要从视觉上吸引消费者关注,还要展示活动内容、活动规则、活动优惠、活动时间、活动商品等营销信息。图 2-5 所示为将店铺首页设计成商品活动页。

图 2-4　商品详情页视觉设计

图 2-5　将店铺首页设计成商品活动页

（6）广告中的视觉营销。广告中的视觉营销应用即在广告图片中体现的视觉营销，比如电商平台广告位中促销海报的视觉营销、店铺首页轮播图的视觉营销等。广告视觉营销的重点是将消费者的注意力吸引到广告海报的主题上，吸引其点击和浏览。现在的电商平台几乎都提供了众多的广告位，商家在广告位中进行视觉推广，可以有效提升店铺流量，如淘宝的钻石展位、直通车展位等。除此之外，在店铺的首页、商品详情页、活动页等处，也可通过广告海报对店内活动进行视觉推广，吸引消费者点击。广告海报的视觉设计一般比较醒目，版式、颜色、文案等与其他页面的视觉设计类似，但营销信息更加简洁鲜明。同样，广告海报也应该有明确的主题，如推广活动、推广商品或推广品牌等。图2-6所示为以推广商品为目的的视觉营销，图2-7所示为以推广品牌为目的的视觉营销。

图2-6　以推广商品为目的的视觉营销

图2-7　以推广品牌为目的的视觉营销

四、视觉营销之配色

营销界有个著名的"7秒定律"，即消费者会在7秒内决定是否有购买商品的意愿，而在这短短的7秒内，色彩的决定因素占比为67%，可见配色的重要性。

（1）颜色的情感：每种颜色都能表达不同的情感，适用不同的网店装修。图2-8所示为色盘，表2-1所示为色彩情感。

图 2-8 色盘

表 2-1 色彩情感

色彩	情感	适用商品的网店类型
黑色	代表权威、高雅、低调、执着、冷漠、防御	高档男装、职业正装、游戏相关产品等
灰色	代表诚恳、沉稳、考究	音乐、男士用品、汽车用品、电子产品等
蓝色	代表冷静、客观、洁净	化妆品、电子产品、高科技产品等
绿色	代表青春、健康、自然、亲切、自由、平等	食品、鲜花、化妆品、儿童用品、保健品等
粉色	代表温柔、温馨、亲切	少女装、化妆品、母婴用品、家居用品等
紫色	代表着神秘和尊贵	高品质的女装、工艺品、饰品等
红色	代表热情、权威、自信、古典	珠宝、化妆品、时尚用品、婚庆用品等
黄色	代表阳光、辉煌、轻快、纯净	儿童用品、装潢、家居用品等
橙色	代表明亮、华丽、健康、欢乐的情感	服装、饰品、家居用品、运动品、美食等
褐色	象征典雅、安定、沉静、平和、亲切	茶、咖啡等食品类等

（2）配色的角度：选择色盘上不同角度的色彩进行配色，可得到不同的配色效果：180度为冲突的互补色，小于180度且大于90度为华丽的对比色。图2-9所示为配色角度。

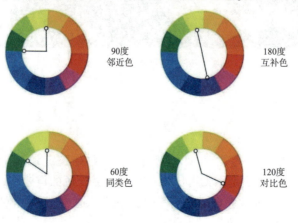

图 2-9 配色角度

（3）颜色的比例：在进行图片设计时，颜色的比例同样也能凸显出不同的效果，一般主色约70%，辅色约20%，点缀色约占10%。图2-10所示为颜色的比例。

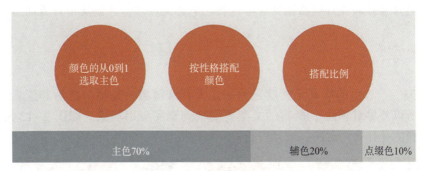

图2-10　颜色的比例

图2-11是不同色系不同商品的海报案例。

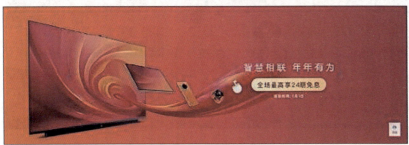

图2-11　不同色系不同商品的海报案例

小贴士

我们在网店装修和设计商品图片时要遵循色彩搭配原理,才能做出好看的图片。

五、视觉营销之文案

(1)文案。广告里的所有元素就是为了让大家读懂第一句话,然后和读者产生共鸣、传达情感,所以要尽量感性,所写的文案要能找到真实应用场景。如图 2-12 所示,我们通过图片读懂的是什么?对的,就是打折。

图 2-12 打折广告

经过大数据分析,一级文案不要超过 8 个字,文字越多点击率越低,少即是多。如图 2-13 所示。

图 2-13 广告文案"少即是多"

当背景图片比较复杂时,可以将文案描边、字体加大、增加投影,同时在文案的底层加入半透明图层,如图 2-14 所示。

(2)当我们不知道怎么去撰写文案时,我们可以分解产品属性,将其带入不同的认知模式:

低认知模式:懒得了解,通过"大品牌,不会坑我"来判断。

高认知模式:分解属性,让平常事情不易看懂。

当你的品牌还不够强势的时候,你打不过大品牌,要把客户引入高认知模式。

图2-14 复杂背景图片的处理

💡 小贴士

好文案的撰写不是短时能练成的,需要我们平时多阅读,提升个人文化素养,同时懂得遵规守法,才能撰写出好的文案。

六、视觉营销之字体风格

(一)正确使用字体

(1)衬线体与无衬线体:衬线字体,指在字的笔画开始、结束的地方有额外的装饰,而且笔画的粗细会有所不同。简单理解为字体边角有装饰的字体。无衬线体,指在字的笔画开始、结束没有这些额外的装饰,而且笔画的粗细差不多。简单理解为字体的线条笔直,有尖锐的转角。

衬线字体容易识别,它强调了每个字笔画的开始和结束,因此易读性比较高,无衬线体则比较醒目。中文字体中的宋体就是一种最标准的衬线字体,衬线的特征非常明显,字形结构也和手写的楷书一致。因此宋体一直被视为最适合的正文字体。

(2)男性字体(衬线体):硬朗、粗犷、沉稳、大气,适用于以下商品的文案:家电、办公、男性鞋服、电子产品、户外工具。如图2-15所示。

图2-15 男性字体

(3) 女性字体（无衬线体）：柔软、飘逸、纤细、秀美、气质、时尚，适用于以下商品的文案：化妆品、日用品、轻纺、女性鞋服、各种包包、母婴用品，如图2-16所示。

图2-16　女性字体

(4) 促销字体（衬线体）：用于促销活动时，文案字体要足够大、醒目，如图2-17所示。

图2-17　促销字体

(5) "一看就买不起"字体（无衬线体）：为了体现商品的高端及价格昂贵，文案的字体要纤细、优美、简洁而小。如图2-18所示。

图2-18　"一看就买不起"字体

七、视觉营销之构图

构图是指在设计时,根据题材和主题思想的要求,把要表现的信息适当地组织起来,构成完整的画面。根据人的视觉习惯,我们把图片的视觉区分为以下三个部分,如图 2-19 所示。

图 2-19　视觉区域

实训任务一

制作一张 1 920 像素×800 像素广告图

1. 认真阅读课后老师上传的《广告法严禁使用的宣传词》。
2. 将之前制作的图片进行修改,上传到学习平台。

课外拓展知识

2021 新广告法禁用词汇

近年来,国家相关部门对广告的管制越来越严格,触犯新广告法底线罚款 20 万元起步,最高罚100万元。熟悉广告法是非常重要的,以下就是新广告法中的禁用词汇。

一、绝对化词语

严禁使用绝对值、绝对、大牌、精确、超赚、创领品牌、领先上市、巨星、著名、奢侈、世界全国×大品牌之一等无法考证的词语。

严禁使用第一、极致、顶级、终极、冠军、一流、极品、无敌、巅峰、至尊、第一品牌、名牌、尖端、顶级享受、缔造者、领导者、领袖、(遥遥)领先、之王(者)、唯一、首个、国家级品牌、填补国内空白、绝对、独家、首家、第一品牌、金牌、名牌、优秀、资深等含义相同或相近的绝对化词语。

严禁使用最、最高级、最低级、最佳、最好、最低、最底、最便宜、最大程度、最新技术、最先进科学、最符合、最先进、精确、最赚、最后一波等含义相同或相近的绝对化词语。

严禁使用首选、首家(个)、独家(配方)、填补国内空白、唯一、仅此一款、独一无二、绝无仅有、首次、全网/全球首款等含义相同或相近的绝对化词语。

严禁使用虚假或无法判断真伪的夸张性表述词语,如100%、国际品质、高档、正品、国家级、世界级、最高级、最佳等用语。

二、违禁时限词语

限时须有具体时限。一天、今日、今天、几天几夜、最后、倒计时、趁现在、就、仅限、周末、周年庆、特惠趴、购物大趴,以及所有团购类词语,如闪购、品牌团、精品团、单品团须标明具体活动日期。

严禁使用随时结束、仅此一次、随时涨价、马上降价、最后一波等无法确定时限的词语。

三、违禁权威性词语

严禁使用老字号、中国驰名商标、领导品牌、特供、专供等词语。

严禁使用"专家推荐",严禁使用质量免检、无须国家质量检测、免抽检等宣称质量无须检测的用语。

严禁使用国家×××领导人推荐、国家××机关推荐、国家××机关等借国家、国家机关工作人员名称进行宣传的用语。

以下是整理的现有各个平台正在试行的违禁词,可以根据自己的情况做出筛选。

极限:国家级、世界级、最高级、最佳、最大、第一、唯一、首个、首选、最好、最大、精确、顶级、最高、最低、最、最具、最便宜、最新、最先进、最大程度、最新技术、最先进科学、国家级产品、填补国内空白、绝对、独家、首家、最新、最先进、第一品牌、金牌、名牌、优秀、最先、顶级、独家、全网销量第一、全球首发、全国首家、全网首发、世界领先、顶级工艺、最新科学、最新技术、最先进加工工艺、最时尚、极品、顶级、顶尖、终极、最受欢迎、王牌、销量冠军、第一(NO.1/Top1)、极致、永久、王牌、掌门人、领袖品牌、独一无二、独家、绝无仅有、前无古人、史无前例、万能。

最:最、最佳、最具、最爱、最赚、最优、最优秀、最好、最大、最大程度、最高、最高级、最高端、最奢侈、最低、最低级、最低价、最底、最便宜、史上最低价、最流行、最受欢迎、最时尚、最聚拢、最符合、最舒适、最先、最先进、最先进科学、最先进加工工艺、最先享受、最后、最后一波、最新、最新技术、最新科学。

一：第一、中国第一、全网第一、销量第一、排名第一、唯一、第一品牌、NO.1、Top1、独一无二、全国第一、一流、一天、今日一次（一款）、最后一波、全国×大品牌之一。

级/极：国家级、国家级产品、全球级、宇宙级、世界级、顶级（顶尖/尖端）、顶级工艺、顶级享受、高级、极品、极佳（绝佳/绝对）、终极、极致。

首/家/国：首个、首选、独家、独家配方、首发、全网首发、全国首发、首家、全网首家、全国首家、××网独家、××网首发、首次、首款、全国销量冠军、国家级产品、国家（国家免检）、国家领导人、填补国内空白、中国驰名（驰名商标）、国际品质。

品牌：大牌、金牌、名牌、王牌、领袖品牌、世界领先、（遥遥）领先、领导者、缔造者、创领品牌、领先上市、巨星、著名、掌门人、至尊、巅峰、奢侈、优秀、资深、领袖、之王、王者、冠军。

虚假：史无前例、前无古人、永久、万能、祖传、特效、无敌、纯天然、100%、高档、正品、真皮、超赚、精确。

权威：老字号、中国驰名商标、特供、转供、专家推荐、质量免检、无须国家质量检测、免抽检、国家××领导人推荐、国家××机关推荐、使用人民币图样（央行批准除外）。

欺诈：

涉嫌欺诈消费者：点击领奖、恭喜获奖、全民免单、点击有惊喜、点击获取、点击转身、点击试穿、点击翻转、领取奖品。

涉嫌诱导消费者：秒杀、抢爆、再不抢就没了、不会再便宜了、没有他就××、错过就没机会了、万人疯抢、全民疯抢/抢购、卖/抢疯了。

时间：

限时必须有具体时间：今日、今天、几天几夜、倒计时、趁现在、就、仅限、周末、周年庆。

必须有活动日期：特惠趴、购物大趴、闪购、品牌团、精品团、单品团。

严禁使用：随时结束、随时涨价、马上降价。

警示案例分享——"果小云"事件

2019年10月26日，天猫商铺"果小云旗舰店"（下称"果小云"）将商品净重为4 500克的橙子标注成了4 500斤，商品上架后，短时间内产生了高达700万元的订单，自己无力承担，店铺即将倒闭。

造成这次事件的根源问题在哪里？粗心大意，不注重细节。注意细节其实是一种功夫，这种功夫是靠日积月累培养出来的。谈到日积月累，就不能不涉及习惯，因为人的行为的95%都是受习惯影响的，在习惯中培养功夫、培养素质。

天下难事必作于易，天下大事必作于细。（《道德经》）。

天下所有的难事都是由简单的小事发展而来的，天下所有的大事都是从细微的小事做起来的。由此可见，一个人要想成就一番事业，就得从简单的小事做起，从细节入手。

任务二　商品的发布

商品发布指的是卖家通过淘宝平台上架出售各种商品，商品的发布按照系统提示步骤操作即可完成。虽然商品发布的流程很简单，但是商品标题的设置、主图的优化、详情页的描述却非常重要，会直接影响商品的曝光率及点击率，所以在进行商品发布时要注意细节，不要粗心，避免因为粗心导致商品违规，被平台强制下架。

商品发布前，首先要确定的是网店店铺的选品。商品发布成功后，网店就进入了运营状态。

一、网店商品的选择

在网店运营中，商品的选择对店铺的运营有着至关重要的影响。优质的商品能够为店铺带来可观的销量，能够帮助店铺提升整体流量，提升商品在搜索结果中的排名，这些都会成为店铺的核心竞争力。

卖家在选择网店商品时，要考虑自己的实际情况，不盲目地追随他人，可以参考以下技巧：

（1）从自己的兴趣出发。网店销售的商品既可以是有形的实体商品，也可以是无形的服务。兴趣是最好的老师，卖家在选择网店商品时，要选择自己喜欢的。自己喜欢才会有做下去的动力和兴趣，才会投入极大的热情和精力，即使再苦也有坚持下去的动力。

如果选择的商品不是自己喜欢的，卖家将来很有可能会因为遇到一些小挫折或困难就放弃，而且会找出无数个理由来证明自己放弃是对的；如果选择的商品是自己喜欢的，卖家会找出无数个理由来证明自己的坚持是对的。态度不同，结果自然也不同。

此外，选择感兴趣的商品，自己才愿意研究它、了解它，愿意发掘商品的优点和特质，进而更好地把商品推到买家面前。当遇到买家咨询时，卖家也能耐心且全面地为买家做出解答。

（2）选择具有资源优势的商品。卖家在选择经营的商品时，要充分考虑自己的资源情况。如果自己在某些品类和商品上具有资源优势，应首先将这些商品考虑在内。

一项生意要想获得较高的盈利，需要做好开源与节流两个方面。开源在于销量的增加，节流在于成本的把控。如果具有资源优势，卖家可以更好地在节流方面形成壁垒，从而让自己拥有更强的竞争力。同时，如果卖家具有资源优势，也就意味着在商品品质和工艺水平的改善上具有更大的可能性。

（3）选择具有较大市场需求量的商品。卖家在选择商品时，商品的市场需求量是一个非常重要的参量。一个商品的市场需求量到底高不高，最简单的方法就是根据商品销量进行评估。卖家可以将商品销量作为该商品市场需求的参考依据之一。

（4）选择具有较低市场竞争度的商品。不同的类目和商品，其竞争度是不同的。卖家要想在运营中有较快的突破，选择竞争度低的商品自然是更有利的。如果一款商品有足够的市场需求量，同时竞争度较小，这款商品就很容易创造不错的销量。

商品的竞争度和市场需求量往往是成正比的。市场需求量大的商品，竞争往往也是比较激烈的，而竞争度小的商品，其市场需求量往往也不大。面对这种情况，在保证商品有足够利润的情况下，卖家可以优先选择市场需求量较大的商品。

（5）分析数据。在选品初期，卖家也许在很大程度上凭借的是直观感觉或比较基础的分析。当店铺规模发展到一定阶段，卖家也积累了一定的经验，具备了足够高的专业度，对行业有了足够的认知时，可能对所有商品都有了一定的了解，在商品的选取上会受到自己认知和偏见的影响。

为了避免出现因认知偏见而错失良品的现象，卖家在选品的过程中，需要尽可能地结合大数据分析辅助选品。借助大数据分析工具，可以多维度地搜集相应的销售数据。与个人认知相比，这些数据能够反映出更加客观的信息，卖家可以从中挖掘出一些之前未曾意识到的信息和商品。

（6）坚持和重复。网店商品的选择是一个长期的过程，它贯穿于网店运营的始终，所以在选择商品的过程中，卖家不应存在一劳永逸的思想。今天选品的成功，不意味着明天这款商品也能带来好销量。卖家应经常做一些选品活动，让自己在拥有热卖畅销款的同时，开发出有潜力的、能代表未来流行趋势的商品，为以后做准备。

网店商品的选择是一个坚持的过程，也是一个重复的过程。在重复的过程中，很多人会逐渐厌烦，失去激情和斗志，这也是经常会出现一些卖家凭借某款商品引爆市场成为"销售明星"后，却很快进入沉寂状态最终消失的原因。

为了保持网店运营的长期稳定，卖家要始终保持对选品工作的热情。选品可能是一个无趣的过程，但如果卖家长期坚持，反复挑选，就会不断地有新发现。

二、商品的拍摄处理

网店与传统店铺最大的区别就是买家无法看到商品实物，商品的整个交易过程都在虚拟的世界中完成。网店买家对商品产生的第一印象来自卖家放在店铺中的商品图片，买家做出的购买决策在很大程度上会受到商品图片的影响。高质量的商品图片不仅能让商品得到更加真实的展示，也能在一定程度上刺激买家的购买欲望，从而提高商品的转化率。

（一）拍摄商品图片的器材

卖家只有拍摄出高质量的商品图片，才能让商品真实、清晰地展现在买家面前。一般来说，拍摄网店商品图片需要用到以下器材：

（1）数码相机：要拍摄商品图片，数码相机是必不可少的器材。使用的数码相机最好具有合适的光感元件（CCD），具备手动模式和微距功能，具有外接闪光灯的热靴插槽，可以更换镜头。

（2）三脚架：三脚架是拍摄商品图片不可缺少的辅助器材，其主要功能是避免相机晃动，以保证图片的清晰度。

（3）灯具：在室内拍摄图片需要用到灯具，应准备3盏以上照明灯，最好使用30W以上三基色白光节能灯，其价格比较便宜，色温较好。

（4）拍摄台：拍摄商品图片需要用到拍摄台。如果没有专业的拍摄台，可以灵活地使用桌子、椅子、茶几或大一些的纸箱等物品来代替，光滑、平整的地面也可以作为拍摄台使用。

（5）背景材料：如果卖家的店铺规模较大，并且有专业的拍摄场地，可以到照相器材店购买专业的背景纸、背景布。规模较小的店铺卖家可以到文具商店购买一些全开的白卡纸，以此作为拍照的背景材料。

（二）取景方位与角度的选择

取景方位主要是指拍摄者拍摄的方向，而角度则与相机自身所处位置的高低、视角起伏有关。方位与角度的相互结合，会形成不同的画面效果，这是学习拍摄构图的基础。

取景方位对拍摄网店商品图片来说非常重要，这与网店对商品图片的要求是一致的。因为网店的商品需要通过图片进行全方位的展现，所以拍摄时商品的取景方位也要进行更多的变化。

对拍摄网店商品图片来说，常见的取景方位有三种，即正面取景、侧面取景与背面取景。如果采用这些取景方位拍摄一组商品照片，就可以较为全面地展现商品形象。如图 2-20 所示，这组女装的拍摄，分别运用了上述三种取景方位，让女装在画面中有了全方位的展示。

正面取景　　　　　　　侧面取景　　　　　　　背面取景

图 2-20　女装不同取景方位效果展示

对一些比较细小或者结构上比较平面化的商品，经常使用顶面取景，即将商品平铺在桌面上，拍摄者从高处俯拍商品，如图 2-21 所示。而对一些有底座的商品，还需要使用底部取景，即从低处拍摄商品的底座，如图 2-22 所示。

 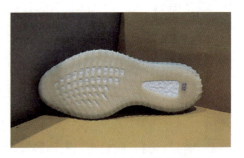

图 2-21　商品顶面取景效果图　　　　图 2-22　商品底部取景效果图

（三）取景角度的变化

常见的取景角度，即俯拍、平拍与仰拍，如图 2-23 所示。俯拍指相机处于相对于商品来说较高的位置，朝下拍摄，通常可以拍摄到商品的顶部；平拍指相机所在的位置与商品放置高度很接近，镜头拍摄角度平缓，接近于零度，以视角水平拍摄。仰拍则指相机处于比商品放置高度更低的位置，视角朝上拍摄，通常可以展现出商品下方更多的细节。

俯拍

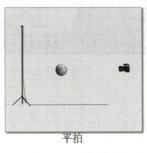
平拍

仰拍

图 2-23　不同拍摄角度图解

（四）商品拍摄构图

构图的方法有很多，下面重点介绍五种常用的基本构图方法，分别是井字形构图法、中央构图法、对角线构图法、三角形构图法与留白构图法。其中，比较特殊的是留白构图法，它可以与其他四种构图方法结合，贯穿整个拍摄过程，在网店商品拍摄时需要特别重视。

（1）井字形构图法。井字形构图法是最为常见的一种构图方法，即通过两条横线与两条竖线将画面等分，这时 4 条线段就构成了井字形，并在画面中产生 4 个交点。拍摄者需要做的就是在画面中将商品主体安排到任意一个交点附近。图 2-24 所示为一张使用了井字形构图法的商品摄影图片。

图 2-24　井字形构图法的商品摄影图片

黄金分割指将整体一分为二，较大部分与整体部分的比值等于较小部分与较大部分的比值，此值约为 0.618。这个比例被公认为最能体现美感的比例。黄金分割按照 0.618 的比例分割画面，分割线的交点就是黄金分割点。

如果在画面中将商品主体安排在黄金分割点上，就可以提升画面的美感。井字形构图法其实是一种快捷地找到画面黄金分割点的方法，井字形的 4 个交点就是黄金分割点，如图 2-25 所示。

图 2-25　黄金分割点效果

有时，某些商品是成对出现的，这时我们往往要明确画面中谁是主体。明确了谁是主体之后，按照井字形构图的方法将主体安排在线段的交叉点附近。

井字形构图法适合于任何长宽比的图像。在拍摄网店商品时，有时为了适应网店的页面布局，可能需要用到1∶1（如图2-26所示）或16∶9等比例进行构图，这时卖家可以运用井字形构图法拍摄商品。

此外，井字形构图法不仅适合横幅取景，也同样适用竖幅取景，如图2-27所示。

图 2-26　1∶1的画面比例

图 2-27　竖幅取景

（2）中央构图法。顾名思义，中央构图法就是将被拍摄的商品主体安排在画面的中心，以达到突出商品本身的目的，如图2-28所示。

（3）对角线构图法。对角线构图法就是将拍摄主体按照对角线呈现在画面中，会让画面显得更有活力。通常来说，条状物体比较适合采用对角线构图法，这是因为条状物体的摆放能产生一种方向感，而完全对称的物体（如正方体、球体等），则无法产生这种感觉。除此之外，我们也可以集合一些物品构成对角线，如图2-29所示。

此外，网店商品摄影者在构图时还可以将对角线构图与前面介绍的取景方位、取景角度等技巧结合起来使用，以寻求富有层次变化的画面。

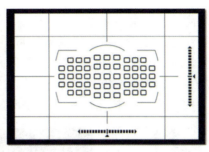

图 2-28　中央构图法示例

图 2-29　对角线构图法示例

（4）三角形构图法。三角形构图法常被用于商品的组合拍摄中，这是因为三角形具有较强的稳定性。这种稳定不仅指商品在陈列时重心上的稳定，而且会让人从视觉上感到稳定，给人以安定、放心的感觉。在摆设要拍摄的商品时，我们可以使主要元素或者线条构成三角形，从而完成三角形构图，如图 2-30 所示。

（5）留白构图法。留白构图法指画面中要适当地留出一些空白，重点突出商品本身。对普通的摄影作品来说，留白大多是一种增加画面意境的构图技巧。不过对网店商品摄影来说，留白的用处有很多。很多时候，网店商品图片需要进行一些装饰性或说明性的处理，如添加一些花边、文字或水印等，所以在构图时要留有足够多的空白，否则商品主体就容易被遮挡，如图 2-31 所示。

图 2-30　三角形构图法示例　　　　　图 2-31　留白构图法示例

(五)商品拍摄技巧

拍摄并不是简单的工作,商品种类、材质、颜色等不同,拍摄的方式也就不一样。商家在拍摄商品图片时,要了解被拍摄商品的材质特性,只有掌握了该类商品的布光技巧,才能拍摄出优秀的商品图片。下面介绍一些常见商品的拍摄技巧。

(1)服装类商品的拍摄技巧。服装类商品根据商品拍摄要求的不同,选择的拍摄方式也不一样,图 2-32 所示为不同风格的服装拍摄效果。

图 2-32 不同风格的服装拍摄效果

比如,使用欧美风格进行拍摄时,通常选择欧美模特,模特妆容要大气,整体风格简约时尚。在内景的选择上,一般选择在摄影棚中拍摄,现场布景以单色背景为主,白色背景使用频率最高,其次是灰色、黑色和咖啡色等。在外景选择上,可以选择时尚都市建筑、街景、废弃工厂厂房等场地。

使用韩式甜美风格进行拍摄时,通常选择长相甜美的模特,模特妆容要清新自然,整体呈韩式风格。背景布置也以清新自然为主,室外拍摄可选择商场、餐厅等作为拍摄地,室内拍摄则多选择有蕾丝边缘的白色窗布,再搭配浅色系、原木系的家具和温暖灯照等作为背景。

使用中国风进行拍摄时,通常选择符合东方审美气质的模特,模特妆容既要复古端庄,又可以融入时尚彩妆元素,使服装显得大气。道具可选择传统龙凤图案、中国结、剪纸、兰花、水墨、脸谱等中国元素,凸显服装的独特韵味,提高画面的整体意境。

除此之外,还可以选择自然随意的街拍风、独具风情的民族风、精干休闲的运动风、干练精致的职业风等,根据不同风格对模特进行选择,采取不同的模特妆容,再选择与风格相适合、相关联的道具进行装饰衬托。需要注意的是,拍摄风格的选择应依据服装本身的风格而定。

另外,服装属于吸光类商品,表面反射光线的能力较弱,适合使用直射光进行拍摄,能细腻地表现商品的质地。具体而言,服装类商品的拍摄要注意布光均匀,拍照时尽量使用自然光照明,或者在服装两侧放置反光板,减淡其阴影。

(2)箱包鞋靴类商品的拍摄技巧。对箱包和部分鞋靴类商品,在拍摄时需要表现商品的质感,特别是皮质商品,往往还要求体现商品的光泽度。在拍摄这类商品时,可以使用较深的背景,从视觉上加强皮质的光泽度;也可在纯色背景上进行拍摄,如白色背景,这样拍摄的效果不容易受物体与物体之间光线的影响,体现的颜色和质感会显得更加真实。同时为了体现商品的立体感,可以在商品上方布光,照亮背景,然后再通过左右两侧的补光来显示商品轮廓,提高商品的立体感。必要时也可使用底灯降低商品阴影,使商品显得更加干净通透。另外,在拍摄部分反光强烈的商品时,注意使用柔光、逆光、侧光等布光进行修饰,避免硬光直射时形成强反光现象,以便更好地体现商品的光泽和质感。

对于需要使用模特展示的箱包鞋靴类商品,其拍摄风格与服装比较类似:第一,根据商品风格确认拍摄风格;第二,对模特妆容、服饰等进行搭配,再选择与之相适应的户内或户外场景。图2-33所示为箱包鞋靴类商品的拍摄效果。

图 2-33　箱包鞋靴类商品的拍摄效果

(3)珠宝首饰类商品的拍摄技巧。珠宝首饰类商品一般都属于高反光商品,可以反射光线,映射周围物体,拍摄时往往需要通过布光对光照、反射等进行调整。在布光时所使用的工具主要包括纸张、反光板、聚光灯、柔光箱,根据不同的首饰选择不同的工具进行拍摄。

在拍摄珠宝首饰类商品时,可充分利用饰品与背景受光的差异,如利用日出日落时彩色的逆光进行拍摄,调整好拍摄位置和角度,让饰品展现得更加美观;也可利用室内和室外人工造成的受光差异或天空和水面的自然强反射,让拍摄的反光效果更加自然,使商品展现的效果更佳。在室内布景拍摄时,钻石类商品的布光以补光为主,通过布光打出不同面的明度和高光,使各棱边产生清晰的光亮,但要注意对反光进行调整。拍摄金银首饰时常使用直射光,补光则需要使用各种小的反光板,包括金、银、黑、白色的反光板,在特定的角度进行补光,以凸显金银首饰表面的坚挺或圆润。

另外,不同材质的首饰对光线的要求不同,对拍摄背景的要求也不一样,必须根据首饰的材质来选择最适合的背景和纹理,以更好地烘托被拍摄的对象。一般选择可以与首饰的质地产生鲜明对比的背景和纹理,以突出首饰的特点,如粗糙与平滑的对比、明亮与暗淡的对比、柔和与坚硬的对此等。

拍摄高反光商品时注意避免周围物体的映射,可使用低亮度柔光灯罩将商品与环境隔开。图2-34所示为珠宝首饰类商品的拍摄效果。

图 2-34　珠宝首饰类商品的拍摄效果

（4）玻璃制品类商品的拍摄技巧。玻璃制品类商品可以反射光线，也可以投射光线，在拍摄时，需要注意体现商品的轮廓形状，保证商品的通透感。一般可使用逆光拍摄，光线从拍摄对象后面投射，极易表现出被拍摄物体的通透感。与强直射光相比，从玻璃窗射入的斜射晨光映衬下拍摄出的商品拍摄效果更好；也可将商品放置在磨砂材质的有机玻璃板或倒影板上辅助拍摄，通过逆光表现商品的通透感。另外，增加曝光也可以体现商品的通透感。

此外，在拍摄玻璃制品时，也可以使用一些技巧。在明亮的背景前，将玻璃制品以黑线条呈现出来；或在深暗的背景前，将玻璃制品以亮线条呈现出来。

① 黑线条：黑线条的表现主要是利用光的折射原理。光线折射最主要的作用是将玻璃制品的轮廓刻画为深暗的线条。在布光上的处理方式是将背景设置成明亮色调，将透明物体放在与浅色背景有一定距离的位置，光线不直接照射被拍摄物；用1~2盏带蜂巢聚光器的泛光灯从中间或两侧向背景打光，背景反射的光线穿过玻璃层，在被拍摄物体的边缘通过折射形成深暗的轮廓线条，线条的宽度与玻璃的厚度成正比。另外，调整光源的强度和直径得到的效果会有所不同，光域越小、光线越强，其反差就越大。为解决背景水平部分难布光的情况，可选择半透明连底背景或台架，在下方进行适当打光，但应注意光的强度不能干扰黑线条的表现。

② 亮线条。亮线条的表现是利用光的反射原理。亮线条表现的背景呈深暗色调，以此衬托出被拍摄物体的明亮轮廓。亮线条的布光是在被拍摄物体的两侧后方各放置一块白色反光板，然后再用聚光灯或加蜂巢聚光器的泛光灯照射反光板，通过反光板反射出的光会照亮被拍摄物体的两侧，从而形成明亮的线条。

③ 两侧和顶部亮线条。在被拍摄物体的侧上方用雾灯、柔光灯或其他扩散光对被拍摄物体打光，在被拍摄物体两侧加反光板补光，可实现在玻璃制品的两侧外轮廓及顶面出现明亮的线条。图2-35所示为玻璃类商品的拍摄效果。

图2-35　玻璃类商品的拍摄效果

商品拍摄的重点是对光的把控，要懂得区分商品特征，针对有吸光、反光、透明等特征的商品，选择合适的布光方式，拍摄出优秀的商品图片。

三、商品发布的流程

在发布商品前，需要准备好商品的实物图片和信息资料，商品发布的流程很简单，只要按照以下步骤进行操作即可。

（1）登录淘宝网，依次单击"千牛卖家中心"→"宝贝管理"→"发布宝贝"按钮，即可进入商品发布页面，如图3-36所示。

图2-36　商品发布页面

先"上传商品主图"，然后"确认商品类目"，选择好所属类目，逐级往下拉选择待售商品的所属类目，把商品精确地放到相对应的属性类目中，单击"下一步，完善商品信息"按钮。商品发布如图2-37、图2-38所示。

图2-37　商品发布

逐一完善商品的"基本信息""销售信息""支付信息""物流信息""图文描述"。最后单击"发布"按钮，即可完成该商品的发布。

图 2-38　商品发布（续）

（2）通过"一件代发"铺货，从"仓库中的宝贝"发布商品。步骤如下：

① 登录千牛新版工作后台，依次单击"商品"→"工厂货源"按钮，在出现的界面检索对应的商品。如图 2-39 所示。

图 2-39　千牛"工厂货源"检索商品

② 依次单击"我要铺货"→"铺到我的店铺"按钮,如图 2-40 所示。

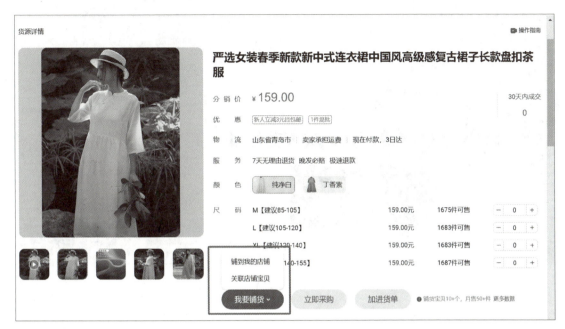

图 2-40　铺货界面

③ 单击"铺到我的店铺"按钮后,将会进入商品上架编辑界面,根据系统提示对已经同步的商品信息进行认真修改后,单击"提交宝贝信息"按钮发布商品。如图 2-41 和图 2-42 所示。

图 2-41　铺货后商品编辑界面

图 2-42　成功发布商品后的界面

🛈 **小贴士**

通过 1688 批发网找货源，是新店卖家不错的选择，因为 1688 批发网的商家已经将商品的信息基本编辑完成，淘宝卖家只需要将部分商品信息进行修改就可以上架到自己的网店，如图 2-43 所示。

图 2-43　修改商品信息

四、商品标题的设置

在淘宝网购物,最常用的两种搜索商品的方式是按照商品的属性进行类目检索或在搜索栏中输入关键词进行搜索。关键词就是组成商品标题的主要元素,是提高商品曝光率的关键词语。

商品标题应限定在 30 个汉字(60 个字符)以内,否则会影响商品的发布。如果商品标题中没有包含买家所搜索的关键词,则该商品就无法出现在搜索结果列表中。因此,商品的关键词非常重要。

(1)按照买家搜索的特征分类,淘宝网的关键词可以分为以下几类,如图 2-44 所示。

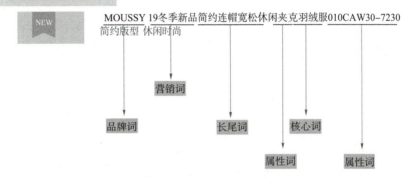

图 2-44 商品标题中的关键词

① 核心词:是指商品的名称、俗称。即指与商品紧密联系的、能准确表达商品的关键词,一般核心词字数较少,多为行业内的短词、热词和大词。

② 品牌词:是指商品的品牌名称。网店在使用品牌词时,要避免不当使用他人品牌词,否则可能构成侵权,例如"华为""海尔"。

③ 属性词:是指商品的风格、材质及颜色等与属性相关的词语,包括商品的尺寸、材质、颜色、型号、风格等。

④ 营销词:是指具有营销性质的关键句,包括优惠信息、突出商品卖点、展现品牌信誉等,通常作为核心词和属性词的补充,例如"2021 新款"。

⑤ 长尾词:是指商品的非中心关键词,但与中心关键词相关,可以带来搜索流量的组合型关键词。一般由 2 个或 2 个以上的词组成,例如"粉色蕾丝小清新""荷叶长裙大码轻薄"。

(2)商品标题的三个重要作用:
① 明确告诉买家卖的是什么。
② 告诉搜索引擎你卖的商品是什么。
③ 是电商搜索引擎计算买家搜索关键词与你的商品相关性的重要因素。

(3)好的宝贝标题应该满足以下两个条件:
① 有利于点击,标题应该是给用户看的,所以保证用户的体验很关键。
② 有利于展现,标题中含有用户搜索的关键词,否则不能被展现。

五、商品主图的优化

商品主图的质量关系到品牌的形象和定位,甚至会影响商品的搜索权重。因此,如果能设计好商品主图,就能使网店获得更多的流量和点击率,从而扩大销售范围。

(一)商品主图的发布要求

淘宝网的商品一般有5张主图(女装类目还有一张长图,共6张)。主图的发布要求如下:

(1)商品主图要求为正方形,也就是图片的长、宽一致,这样在展示时才不会变形。

(2)商品主图的大小不能超过3 MB,需为700像素×700像素以上的图片,可以在商品详情页提供图片放大功能,在第五张主图中发布商品白底图可以增加手机淘宝首页曝光的机会。

(3)商品主图应尽量色调统一。

(4)商品主图不要有边框,不要将多张图拼在一起,一张图片只反映商品某一方面的内容。

(5)商品主图上不得有水印、说明文字和卖家的Logo,允许有不影响美观的品牌小Logo。

(6)商品主图不得出现留白现象(即图片与模块大小不匹配,图片周围出现空白)。

(二)商品主图的制作技巧

(1)保证图片的清晰度。

(2)突出重点。

(3)使用模特实拍,增强商品的直观效果。

(三)SKU图片

对一种商品而言,当其品牌、型号、配置、等级、花色、包装容量、单位、生产日期、保质期、用途、价格、产地等属性与其他商品存在不同时,可称为一个单品。通常,将一个单品定义为一个SKU(Stock Keeping Unit),如图2-45所示。

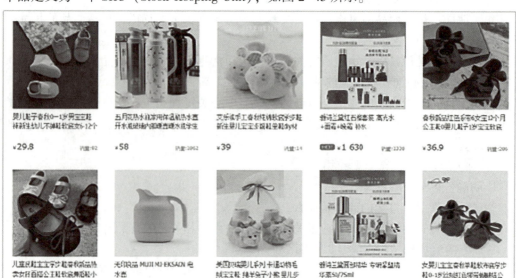

图2-45 各种商品SKU

在电子商务中，SKU 指一款商品，每款商品都有一个 SKU，以便于对商品进行识别。例如，一款女装中粉红色的 S 码是一个 SKU，M 码是一个 SKU，L 码也是一个 SKU，所以一款粉红色女装有 S、M、L、XL 等若干个 SKU，而每个 SKU 不能相同，以免出现混淆，导致卖家发错货。

（四）商品主图主要样式

符合标准的商品主图一般都具有背景简单、图片清晰、能够展示商品全貌等特点，在此基础上，还可以根据以下几种样式展示商品主图：

（1）单色背景商品主图。单色背景是天猫、京东等平台常规的商品主图形式，大多数行业通过白底背景或纯色背景来展示商品。使用单色背景可以更清晰地展示商品的外观、细节、颜色等，重点突出商品本身，让消费者快速直接地获取商品信息，图 2-46 所示为单色背景商品主图。

图 2-46　单色背景商品主图

（2）场景化商品主图。场景化商品主图是指将商品展示在真实的使用环境中，或根据商品的特点，为其搭建生活化的场景，这样既可以直接体现商品的适用范围和人群，又可以让消费者直观地感受到商品的实际使用效果，产生对商品的使用联想，从而增加其点击商品的概率，图 2-47 所示为场景化商品主图。

图 2-47　场景化商品主图

（3）组合式商品主图。组合式商品主图是指将一个商品的多个细节或多个商品组合在一起进行展示，组合式商品主图可以多方面地展示商品信息，如同时展示商品细节、展示商品全部颜色或样式等，图 2-48 所示为组合式商品主图样式。

（4）卖点式商品主图。商品卖点包括商品突出的功能、作用、特点以及营销优惠等，是消费者十分关注的信息，很多商家在通过商品主图展示商品时，会搭配文案，针对商品卖点进行展示，吸引消费者的点击。图 2-49 所示的商品主图样式就是以卖点展示为主。使

图 2-48　组合式商品主图样式

用卖点展示商品主图时需注意，文案信息应简单清晰，便于阅读，控制好文字的数量和排版，防止被平台判定为商品主图不规范，从而对商品进行降权。

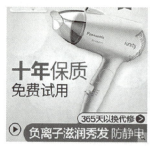

图 2-49　卖点式商品主图样式

六、商品描述的撰写

商品标题的 30 个汉字不足以充分说明商品的优势和价值，因此商品的用途、特色等还需要用更多文字加以说明。

（一）撰写商品描述的误区

卖家在撰写商品描述时，常存在以下误区：
(1) 商品描述只用图片堆积。
(2) 商品描述的商品卖点太多。
(3) 商品描述颜色和字体使用过多，视觉上较混乱。
(4) 商品描述放置好评截图。
(5) 商品描述中广告内容过多，影响用户体验。

（二）撰写商品描述的内容

淘宝网的商品描述容量是 25 000 字节（一个英文字母占 1 个字节，一个汉字占 2 个字节），足够用来列出商品的详细介绍和说明。商品的描述一般由以下几部分内容组成：
(1) 网店活动介绍。
(2) 商品特点展示。

(3)商品细节实拍。
(4)不同效果展示。
(5)商品温馨提示。
(6)其他说明。

总之,卖家要好好地利用这 25 000 字节的空间,让商品描述更加丰富和专业,以最大程度地激发买家的购买欲望。

(三)撰写商品描述的注意事项

在撰写商品描述信息时要注意以下几个方面:
(1)内容要全面。
(2)商品描述要细致。
(3)商品描述应该结合文字、图像、表格等形式进行,这样能让买家更加直观地了解商品,也会增加他们购买的可能性。
(4)参考同行网店。卖家可以参考同行的皇冠网店,看一看他们的商品描述,择其优点应用于自己的网店中。

七、消费者保障服务——现金保证金/保险保证金

保证金作为卖家根据协议约定缴存,用于担保卖家对消费者服务承诺履行和遵守的资金,以专户形式冻结或缴存,依据本协议专款专用,在卖家存在司法冻结、解散、清算等情形时,淘宝享有对保证金的优先受偿权。

保险保证金是淘宝网联合保险公司为淘宝集市卖家量身定做的险种。投保保险保证金后,商家可以免交现金保证金,同样拥有消保标识与流量支持,可以释放已缴纳的现金保证金,获得更多的资金周转。保证金账户页面如图 2-50 所示。

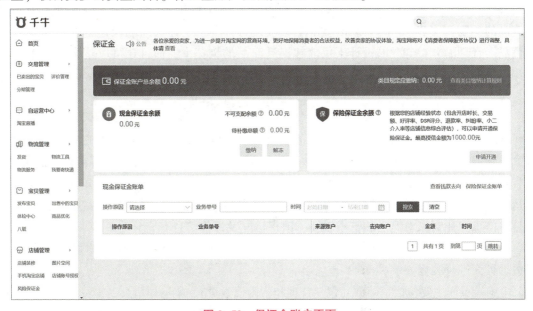

图 2-50 保证金账户页面

参加淘宝网的消保服务大多类目要求缴纳最低 1000 元的现金保证金，这笔保证金是冻结在支付宝账户里无法使用的；而参与保险保证金的卖家只需缴纳极低的服务费用（最低只需 30 元/年），同样可获得消费者保障服务资格，并且无须再冻结保证金，同时可以享受由众安保险提供的先行垫付赔款的服务。

任务三　网店装修

一、网店装修

（一）网店装修的目标

对于网店而言，装修的目标是要能够体现本网店的风格，方便买家浏览与购买，为买家提供良好的购物体验，使买家对网店产生认同感和信任感。网店的视觉元素主要体现在网店整体规划设计、页面布局、广告焦点图设计、商品主图及商品详情页设计等方面。当网店招牌、导航、橱窗、布局及陈列方式体现出品牌的特色时，会使用户对网店产生好感与信任感，进而愿意去了解店内的商品。如果店内的商品能够充分满足买家的需求，就会促使其产生购买行为，购物体验良好的买家甚至会成为网店的忠实客户。

网店装修时主要考虑的是网店的风格和布局、商品展示和浏览体验。首先，网店装修要风格统一、布局整洁。网店风格指的是网店中文字、图片及颜色的搭配，布局指的是各模块的位置安排。在风格上要注意颜色搭配协调，与企业标志的主体颜色一致，商品拍摄时模特要统一；布局安排要注意整洁大气。其次，商品展示要明确。店内商品的分类要清晰，和实体店一样，要让买家可以快速、准确地找到需要的商品。网店装修要保证易于浏览与查找商品。导航要设置各个分类、主推商品、促销活动等栏目频道，商品分类模块要从商品的类别、季节、价格、新旧款等多维度进行分类，要让买家能快速方便地找到需要的商品。合理的分类与导航设计不仅能够提高商品的浏览率，而且还可以给买家带来良好的浏览体验。

（二）网店装修的内容

网店页面装修设计的对象是首页、活动页及商品详情页。首页是网店的门面，可引导买家找到需要的商品；通过首页的装修，可以使买家对网店有直观的了解；首页的海报、公告能够让买家迅速获取店内的促销信息，并引导其进入活动页面。活动页通过活动海报营造促销氛围，介绍活动内容及商品，引导买家参与活动。商品详情页主要用来展示商品的具体信息，让买家对商品的基本属性、销售情况及评价信息有充分的了解。

通过卖家中心或千牛工作台的"店铺管理"→"店铺装修"，可以对电脑端页面或者手机端页面进行装修。

电脑端页面主要包括基础页（包括首页和店内搜索页）、宝贝详情页、宝贝列表页、自定义页、大促承接页和门店详情页等。手机端页面包括手机淘宝首页、自定义页面和分类页。

(三) 网店装修的方法

网店目前主要有旺铺基础版、淘宝智能版、旺铺天猫版和天猫智能版等版本。淘宝智能版在旺铺基础版的基础上提供了更丰富的无线端装修功能和营销方法，能够提升网店的装修效率和数据化运营能力，一钻以下的卖家可以免费试用。

网店装修可以通过两种方式实现，一是购买服务市场的装修模板，二是利用系统提供的模块进行自主装修。这两种方式相比，通过模板进行装修比较简单，可以实现一些特定的样式和效果，但是需要付费，页面风格也相对固定，缺乏个性。使用模板进行装修的网店在首页尾部会显示模板设计者的名字。自主装修自由灵活，可以设计个性的页面风格，但对装修人员的要求较高，即需熟练掌握HTML语言和图片处理技术。

二、手机端装修

随着移动互联网的发展，淘宝网的业务逐渐向无线端倾斜，手机端作为无线端的主要载体，其网店浏览量与成交量已经远远超过了电脑端，可以说，手机端已经成为商家竞争的主要阵地。因此，手机端网店的装修比电脑端网店的装修更为重要。

手机端页面的装修界面与电脑端页面装修基本相同，从左侧模块列表中拖动相应模块到预览图中，然后在右侧编辑器中进行编辑即可。

(一) 页面风格与布局

手机端页面与电脑端页面装修一样，需要注意风格统一，但是由于手机屏幕尺寸有限，网店呈现的内容一定要简洁明了，文字信息要尽量少，以图片为主。此外，色彩尽量采用相对鲜亮的颜色，否则显示不清晰会影响买家的浏览体验。

手机端的页面布局要注意整齐大方。其中，店铺招牌位置固定，在页面最上方；海报图文用于展示店内热销、主推商品及店内促销信息；营销活动用于展示店内开展的营销活动，如送优惠券、满减、送红包等；宝贝分类导航一般用图片分类引导买家查看类目下的商品页面；宝贝分类展示则按不同类目展示商品。

(二) 页面主要模块设计

(1) 店铺招牌。店铺招牌一般由招牌和搜索栏构成。

店铺招牌编辑区域可以对网店名称、网店Logo、招牌背景、招牌链接进行设置，其中招牌背景可以自主设计，然后通过自定义的方式上传。

(2) 海报图文。海报图文主要通过图文类模块来实现。图文类模块包括视频模块、美颜切图、定向模块、单列图片模块、双列图片模块、智能海报、新老客模块和轮播图模块等。

(3) 营销活动。营销活动主要通过添加营销互动类模块实现，营销互动类模块包括倒计时模块、优惠券模块、搭配套餐模块和会员卡模块等。这些模块需要通过相应设置才会显示。

(4) 商品分类导航。商品分类导航可以通过美颜切图模块的在线制作功能制作分类图片，然后添加热区链接到各分类栏目。

(5)商品展示。商品展示可以通过宝贝类模块实现。宝贝类模块有智能双列宝贝、智能单列宝贝、猜你喜欢及宝贝排行榜等。

(三)一键装修首页

旺铺智能版新增了许多功能,能够满足大多数卖家的需求,如"一键装修首页"功能大大简化了首页装修的过程。

登录千牛卖家中心后,依次单击"店铺管理"→"店铺装修"→"装修页面"按钮进入手机端店铺装修页面,如图2-51所示。选择相应的模块,按照系统提示进行编辑,编辑完成以后点击"立即发布",手机端店铺就装修完成投入使用了。

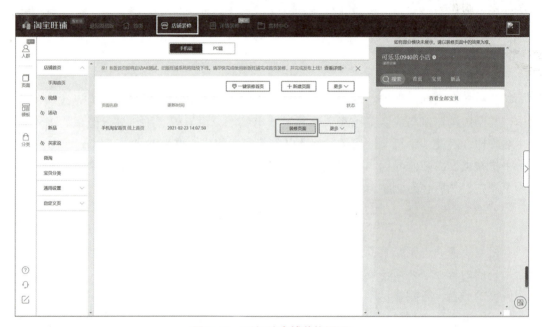

图 2-51 手机端店铺装修页面

三、PC 端装修

(一)首页的风格和布局设计

(1)首页的风格设计。淘宝智能版提供了丰富的网店风格,在页面装修界面左侧"配色"菜单下可以看到有 24 种风格,涵盖了多种色调,有草绿色、粉红色、天蓝色、黑白色、鹅黄色、棕灰色、咖啡色、浅灰色、紫黑色、深蓝色等。风格对于网店装修至关重要,适合的风格会强烈地影响买家的购买行为。

当为网店选择了系统默认的配色方案后,会在导航、各模块标题上应用该配色。

风格的设置和使用非常简单,但是能恰当地使用好风格需要有一定的色彩知识。风格的设置要注意以下几点:

① 色调要统一,要有统一的色彩基调;

② 页面上大块的颜色最好不要超过三种,作为主色调的大面积色彩要统一,其他颜色

只是辅助和衬托；

③ 色调要与自己的经营内容一致，每种色彩都有其情感特点，不同的色彩适合不同类型的网店。

（2）首页的布局设计。网店页面装修时，首先对网店的整体页面进行布局。页面布局首先要有条理，其次要有层次感。在页面的布局上应尽可能采取简单、层次分明的结构，以便于买家浏览商品。首页的布局从上到下分为页头、主体和页尾三部分。页头由网店招牌和导航构成，位置在页面的最上方；主体主要由图片轮播、促销区、商品分类、搜索框、客服中心、商品展示等模块构成，其布局可以灵活调整；页尾由自定义内容模块实现，一般用于分类导航及售后服务等，位于页面底部。

（3）合理安排模块的位置。页面的整体布局设计好之后，就可以将功能模块直接拖入相应的布局区域并进行编辑操作。

按照尺寸进行划分，对于电脑端页面，装修系统提供的主要功能模块如图 2-52 所示。在实际设计中可根据需要选择具体的功能模块。

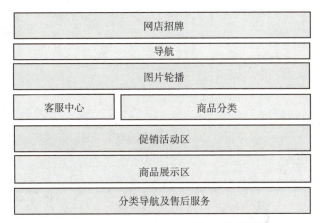

图 2-52　装修系统提供的主要功能模块

一般来说，网店首页应包含以下基本模块：

① 网店招牌。网店的门面，营销型的网店招牌可以呈现店内特色商品及热销商品的信息。

② 导航。引导买家快速查看店内信息，一般作为分类展示商品的入口。

③ 图片轮播。给人以震撼的视觉效果，是促销活动的必备模块。

④ 宝贝分类。方便买家根据不同类目查看商品。

⑤ 宝贝搜索。为买家提供快速通道使其搜到店内符合自己要求的商品。

⑥ 宝贝推荐。对店内的商品进行推荐展示。

（二）主要模块区域设计

（1）店铺招牌。店铺招牌（简称"店招"）是网店首页的主要内容，用来展现网店的特色，打造网店品牌。店铺招牌应当能够让买家对网店的名称、经营范围以及商品特色一目了然。

① 店铺招牌的尺寸。店铺页头高度为 150 像素（已包含导航），一般淘宝网店建议招牌尺寸为宽 950 像素、高 120 像素，招牌的高度加上导航高度，刚好 150 像素，可避免发布

后导航被挤掉而不能显示的问题。

② 店铺招牌编辑。店铺招牌有默认招牌、自定义招牌两种类型。

默认招牌是一张背景图片，根据需要选择是否显示网店名称。背景图片可以通过选择淘宝网图片空间中的图片或本地上传图片的方式插入，最后保存即可。用这种方法添加的店铺招牌是静态的，不能添加热点实现链接引流。

自定义招牌可以使用 HTML 代码编写，其中可以包含多张图片，并可以实现超链接功能等；也可以使用图片链接进行上传，并建立超链接网址。如果自定义区内没有内容，就无法显示店铺招牌。店铺招牌编辑如图 2-53 所示。

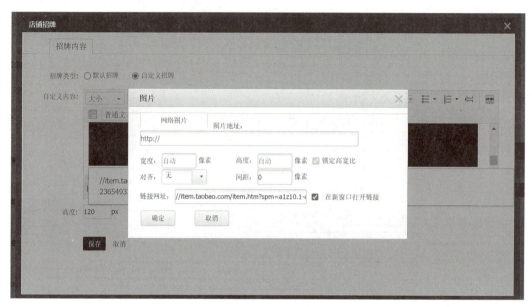

图 2-53　店铺招牌编辑

一般营销型店铺招牌的制作方法有两种：第一，做好图片，在其中利用网页设计工具添加热点链接，将生成的代码复制到自定义店铺招牌代码区域即可；第二，利用代码制作工具，如稿定设计平台中的装修工具，创建指定高度和宽度的区域，从中添加背景、图片、商品链接、促销文字等，然后生成代码，并将代码复制到自定义店铺招牌代码区域。

③ 营销型店铺招牌。店铺招牌是网店的门面，它不但能传达网店的经营理念和品牌形象，还是一个很好的营销区域，可以将店内当前促销活动或热卖商品放在店铺招牌的醒目位置进行展示，如图 2-54 所示。

图 2-54　营销型店铺招牌

（2）导航。网店导航是买家浏览网店的快捷通道，它可以帮买家从一个页面跳转到另一个页面。设置导航的目的是为了给买家提供清晰的指引，因此，导航内容应当保证店内商品、促销活动、优惠能被买家看到，从而提高浏览率和转化率。导航一般是为了方便买家搜索商品而设置的,主要分为隐形导航、半隐形导航和显形导航。隐形导航一般以全店商品和所有类目为标题,当鼠标指针移到上面时才会显示所有类目,所占位置最小,不易被发现;半隐形导航一般设置几个主要的大类标题,当鼠标指针移到上面悬停时显示细分类目,比较容易被发现,从功能来说,半隐形导航具有提示性和导购性;显形导航一般出现在首页底部区域,给消费者全面的商品类目提示,对流量进行分流和引导。网店导航如图 2-55 所示。

图 2-55 网店导航

导航模块可以采用系统提供的默认模块来编辑,打开导航编辑器,单击"添加"就可以添加导航内容。导航内容一般包括"宝贝分类""页面"和"自定义链接"等。导航编辑器页面如图 2-56 所示。

图 2-56 导航编辑器页面

（3）图片轮播。图片轮播可以让网店在有限的空间里尽可能多地轮流展示商品的信息，如爆款、促销、特价等。如果没有"图片轮播"模块，可以在网店装修页面的布局管理中添加"图片轮播"或"全屏轮播"模块。图片轮播一般应当放置在首页重要的位置，如放在页面主体的顶部等。

图片轮播所用的图片一定要突出主题信息，买家更倾向于查看那些能够清楚地看到细节和获取信息的图片，要避免使用那些杂乱却没有明确主题的图片。如图 2-57 所示。

图 2-57 图片轮播

（4）促销活动区。店内促销活动区主要用于展示满减、包邮、红包、优惠券、抽奖等促销活动，对提升店铺流量有一定帮助。促销活动区一般放置在首页上方比较醒目的位置，能够有效地吸引浏览者的视线，如图 2-58 所示。

（5）商品分类。商品分类也是店内指引买家浏览商品的重要途径。商品分类有竖向和横向两种形式，竖向的模块尺寸为 150 像素（指宽度，下同），包括默认分类和个性化分类两种，横向的模块尺寸为 950 像素。其中，默认分类显示所有的商品分类，而个性化分类可以根据需要选择部分分类来显示，如图 2-59 所示。

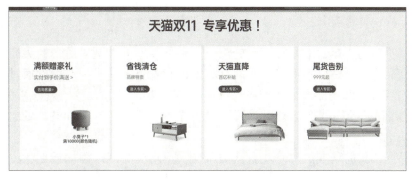

图 2-58 促销活动区

图 2-59 商品分类

（6）商品展示区。商品展示区主要用于展示商品，既可以通过系统自带的"特价专区""宝贝推荐"等模块进行展示，也可以使用自定义内容展示。

（7）页尾设计。页尾部分一般添加"自定义内容区"模块，卖家可以根据需求加入图片链接、公告信息、促销信息等，如图 2-60 所示。

图 2-60 页尾设计

（三）商品详情页装修

商品详情页是网店运营中非常重要的部分，它是买家进入网店后，购买商品时一定要看的页面，商品详情页做得好不好，对商品的销售有着直接的影响。可以通过默认商品详情页（即详情模板）和商品详情两种途径对其进行装修。

（1）默认商品详情页装修。默认商品详情页布局基本固定，页面装修的空间不大，可以添加的模块也较少。

默认商品详情页的基本框架是左右两侧布局，左侧模块可以添加或删除，右侧基本固定，右侧上方是商品基本信息，中间是商品描述信息，在商品描述信息下方可以添加自定义内容区，用于展示与店内商品相关的内容，如售后服务等。

（2）商品详情装修。可以直接针对某个商品的详情信息进行修改，这是淘宝旺铺新增的功能。卖家不必下架商品后再修改详情，直接在商品出售状态就可以对其详情部分进行修改。

选中某一商品，单击"装修详情"按钮即可对该商品的电脑端或手机端商品详情进行编辑，二者装修方法基本相同，本节以手机端商品详情装修为例进行介绍。

手机端商品详情装修可以通过装修和模板两种方式进行装修，模板方式直接套用官方模板或购买的模板，对模板中的图片或文字进行替换即可。装修方式可以根据商品类型选择基础模块、营销模块、行业模块和自定义模块进行添加，然后对各模块进行编辑。

这些模块的使用方法是：单击某一模块内系统自动提供的模板，该模板将出现在详情编辑区域，在右侧编辑器中可以进行替换文字或图片、增加链接等编辑操作。

  小贴士

整个实训任务当中都要注重细节，细节决定成败。注意细节其实是一种功夫，这种功夫是靠日积月累培养出来的。谈到日积月累，就不能不涉及习惯，因为人的行为的95%都是受习惯影响的，要在习惯中培养功夫、培养素质。

实训任务

任务一　发布商品20件以上

根据店铺的主营类目，到1688批发网"一件铺货"到淘宝，通过"仓库中的宝贝"发布20件以上的商品。

任务二　装修手机端/PC端店铺

根据店铺的主营类目，为店铺确定设计风格，通过"千牛卖家中心"→"店铺管理"→"店铺装修"完成店铺的装修。

任务三　查询评价体制相关规则

通过淘宝网查询有关评价体制的相关规则，避免在开店过程中违规受罚，同时警惕网络骗局。

课后习题

一、名词解释

1. SKU：
2. DSR：
3. 子账号：
4. 评价解释：

二、单选题

1. 哪类商品信息允许在淘宝网上发布？（　　）
   A. 提供信用卡套现　　　　　　　　　B. 自家做的手工产品
   C. 代办毕业证、文凭　　　　　　　　D. 买卖考试答案
2. 发布商品时标题名称最多可以容纳多少个汉字/多少个字符？（　　）
   A. 30；60　　　B. 30；50　　　C. 20；40　　　D. 40；80
3. 当设置好定时发布以后，商品页面显示为以下哪一项？（　　）
   A. 即将开始　　B. 立即购买　　C. 交易关闭　　D. 加入购物车
4. 以下哪一项的图片适合作为商品主图？
   A. 1 920 像素×1 120 像素　　　　　　B. 800 像素×800 像素
   C. 200 像素×300 像素　　　　　　　 D. 750 像素×600 像素
5. 如果一件商品是以拍卖的形式发布的，运费由谁承担？（　　）
   A. 卖家　　　　B. 买家　　　　C. 快递公司　　D. 淘宝网
6. 关于商品描述的说法，正确的是（　　）。
   A. 商品描述必须全部是图片，不能有文字
   B. 商品描述的文字字体越大越好
   C. 商品类比就是与同类商品进行比较，体现本商品的优势
   D. 商品描述中必须放大量好评截图
7. 下列选项中不属于常见的构图方法的是（　　）。
   A. 九宫格构图　B. 三分法构图　C. 曲线构图　　D. 竖线构图
8. 通栏店招的具体尺寸为（　　）。
   A. 1920 像素×150 像素　　　　　　　B. 950 像素×120 像素
   C. 1920 像素×540 像素　　　　　　　D. 950 像素×130 像素
9. 下列选项中，（　　）模块可制作全屏轮播海报。
   A. 店铺招牌模块　　　　　　　　　　B. 悬浮导航模块
   C. 满减模块　　　　　　　　　　　　D. 全屏轮播模块
10. 淘宝网的商品描述不得超过多少字节？（　　）
    A. 10 000　　　B. 20 000　　　C. 25 000

三、判断题

1. 商品标题可以有"国家级""历史最低价"等关键词。　　　　　　　　　　（　　）
2. 在主图视频的播放时间不能超过1分钟。　　　　　　　　　　　　　　（　　）

3. 移动端图片文字、宝贝信息和宝贝描述文字都不能太小,否则容易造成诉求不清楚。
(　　)
4. 主图中800像素×800像素以上的图片,可在宝贝详情页中使用放大镜功能。(　　)
5. 每个淘宝店铺都必须有优惠券。(　　)

四、简答题

1. 简述商品发布的流程及商品发布的关键要素。
2. 简述商品主图的发布要求。
3. 淘宝网规定哪些行为属于一般违规行为?哪些属于严重违规行为?

项目三

网店日常管理

 学习目标

素质目标:
- 通过任务培养学生互联网规则意识、责任意识以及网络安全意识。
- 通过任务培养学生积极探索、严谨认真工作的态度。
- 通过任务培养学生团结合作的团队精神。

知识目标:
- 通过任务使学生掌握在网店客服服务中相关的知识和能力。
- 通过任务使学生掌握千牛接待中心相关的知识和能力。
- 通过任务使学生掌握网店客服的应对技巧。
- 通过任务使学生掌握仓储相关的基本概念。
- 通过任务使学生掌握仓储管理各个流量的工作内容。

技能目标:
- 学会下载、安装、使用千牛工作台 PC 版和手机版。
- 学会使用规范话术设置客服自动回复、编辑快捷短语与顾客沟通、处理问题、留言管理。
- 学会开通智能客服店小蜜及相关操作。
- 学会有礼貌、有耐心地接待和回复客户提出的问题。
- 学会商品的包装技巧、发货技巧、包裹问题处理、店铺维护工作。
- 学会做事有规划,讲究科学性。

 **项目导入**

对于商家而言,无论是线上销售,还是线下销售,客服都是至关重要的一环,在整个

交易过程中起到关键的作用,尤其是线上销售,消费者无法近距离接触商品实物,无论是售前,还是售后,大都依赖客服。同时,在网店运营过程中,为了保证货物及时准确地送达消费者手中,商店仓储和物流至关重要。那么,网店客服工作具体包含哪些内容?商家应该如何做好网店客服工作?又该如何合理规划仓储,更快更好地为客户提供服务呢?

任务一　网店客服

在网店经营过程中,客服人员是必不可少的重要角色。因为在电商领域的各个岗位中,网店客服是唯一一个能够跟客户直接沟通的岗位,这种沟通带有情感,会给客户带来良好的沟通体验。

一、网店客服分类

从事网店客服工作的人员包括从事售前工作、售后工作及相关顾客服务工作的人员。淘宝客服按照销售阶段可以分为售前客服、售中客服和售后客服,其主要工作如下:

(1)售前客服人员。售前客服人员主要从事引导性的工作,如回答客户对商品的咨询,从客户进店咨询到拍下付款的整个环节都属于售前客服人员的工作范畴。售前客服人员的工作内容主要包括售前准备、接待客户、推荐商品、解决异议、引导下单、欢送客户等。

(2)售中客服人员。售中客服人员的工作集中在客户付款到订单签收的整个时间段。售中客服人员一定要做好与售前客服人员的工作交接,防止订单错乱的情况发生。售中客服人员的工作内容包括订单确认及核实、装配商品并打包、发货并跟踪物流、提醒客户及时收货等。

(3)售后客服人员。售后服务质量是衡量网店服务质量的一个很重要的指标。好的售后客服人员不仅可以提升网店的形象,还能留住更多的老客户。售后客服人员的工作内容主要包括退换货、投诉处理、客户反馈处理和客户回访等。

二、客服工作内容

(一)售前客服

售前客服负责买家下单付款前的疑问解答、商品推荐、催付和活动通知。

(1)疑问解答。好的客服人员会对买家做到有问必答,在解答买家提出的疑问时,可以引导买家,并在买家提出的疑问中了解买家的其他想法。

如果买家真的着急,是否可以更换掉默认的快递,选择速度更快的快递?买家对更大规格的包装有需求,可实际情况是没有,那么又要如何让买家愿意选择现有的规格呢?当班的在线客服人员可选择从用量、保质期及新鲜程度上来消除买家的疑虑,选择现有的商品。如果在服务过程中单纯、机械地回答买家的问题,不能感受到买家的真实需求,订单将白白地流失。

(2)商品推荐。当客服人员顺利完成商品答疑后,在线客服会进入一个新的工作流程——商品推荐。

一个优秀的在线客服，一定是善于做商品推荐的，这一点更有利于提升交易转化率和快速提高客单价。在网络交易中，了解需求不是等待买家明确告知其需求，因为在交易过程中买家可能不愿意说出需求或者需求不明确。针对这样的情况，在线客服的处理方式就是获取和明确需求，便于日后更好地利用销售技巧进行商品推荐。在询问过程中应尽量使用封闭式问题进行询问，以便可以更加快速、有效地获取到答案和了解买家的真正需求。

（3）催付。催付是指买家拍下商品后没有付款，在线客服引导买家付款的行为。

当在线客服和买家沟通了解原因时，或者知道原因后联系买家进行付款时，都需要选择好催付工具，一般有以下三种工具可以选择：

① 千牛工作台。

使用千牛工作台和买家沟通是完全免费的，成本低，字数不限，非常方便。但不足之处是如果买家不在线，所发的信息买家不能及时看到。

② 电话。

电话沟通的效果比较好，但时间成本较高，一般在大额订单买家及老客户订单中使用。

以下是情景对话（A是客服，B是买家）：

A：您好，请问是陈女士吗？

B：嗯，你是？

A：您好，我是××网店的客服乐乐，我看到您昨天在我们网店拍下的卫衣还没有支付，"国庆"期间我们对前50名支付的买家免费赠帽子，所以想提醒您尽快支付，不要错过这个优惠。如果在支付中遇到任何问题，可以向我们咨询。

B：哦，我知道了，这几天比较忙，拍下后去忙其他事情，就忘记支付了，我一会儿会上线支付。

A：好的，感谢您对本店的支持，祝您购物愉快，再见！

③ 短信。

短信催付内容应该包含网店名称、买家所购买的商品名称、买家购买商品的时间。

（4）活动通知。在活动期间以及在活动预热期间，虽然活动在网店页面都会呈现，但并不是所有买家都会看到，为了使活动达到最好效果，在线客服有义务将活动主动告知买家。活动通知页面如图3-1所示。

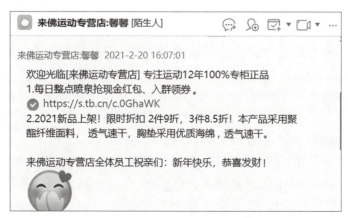

图3-1　活动通知页面

除了可以在群里发消息通知买家外，还可以邀请买家加入网店群或者自己创建的群，于活动预热期间，在群里将活动通知买家。

（二）售后客服

好的售后服务，不但可以提升整个交易过程中客户的满意度，还可能是下一次交易的开始。网店售后服务所包含的内容非常多，如查单/查件处理、退/换货处理、评价处理等，其中涉及退/换货处理和评价处理的问题比较多。

（1）查单/查件处理。在卖家发货后，快递在运送途中或者已经抵达买家手中时，经常会出现各种与物流相关的问题，导致买家必须向在线售后客服咨询。

常见的引起查单/查件的售后问题：

① 系统显示已经签收，但并非本人签收。当买家向在线售后客服咨询时，客服应积极联系快递公司，查询实际收件人，并反馈给买家。

② 疑难件无法派送。在线售后客服需要马上确认收件人手机号码或核对收货地址，并及时反馈给快递公司，督促其及时送件。

③ 不可抗拒的自然灾害：由于洪水、暴雪等气候原因造成的特殊情况，属于不可抗力情况。在线售后客服应该及时跟买家联系，说明原因，努力寻求买家谅解，并跟进最终解决方案的落实。

④ 节假日或特殊节日派件时间延长：在线售后客服应如实说明原因，最好是在售前做好提醒工作。

⑤ 快递丢失或破损：先要安抚买家情绪，及时和快递公司联系确认情况，如果情况属实，应及时回复买家，并做好后续的补救工作。

（2）退/换货处理。一般来说，在退/换货环节需要注意的问题有以下几点：

① 了解退/换货原因。

物流原因。主要有逾期不达、货品丢失、物流服务差等问题。

商品原因。主要有商品质量和商品使用方法等原因。

商品质量问题。包括商品过保质期、商品材质与描述不符、有色差、商品有污损等。

与商品使用方法相关的问题。买家对使用方法不了解、对商品特殊使用注意事项不清楚等。

买家主观原因。包括买家对客服人员的服务态度不满、对收到的商品不喜欢、错拍号码和颜色等。

② 确认细节。在退货前和买家确认，需要退回的物品是否影响二次销售，在收到退货后，需要检查商品的完整性。

③ 后台操作执行。对于商品、服务及买家喜好等原因造成退/换货的，在了解了退/换货的原因及确认退/换货的细节后，售后客服人员就需要在网店后台做退/换货处理。

退/换货处理的流程如图3-2所示。

（3）评价处理。在整个交易过程中，最后一步就是买家和卖家相互评价。在评价时，一般会分为好评、中评及差评。天猫商城虽然没有中、差评的选项，但是如果买家对卖家的服务、商品、物流不满，也会给卖家负面评价，不同的评价有不同的积分规则。

① 好评处理。卖家提供优质的商品和服务，买家收货后对商品和服务都满意时，一般会给卖家好评。卖家评价处理的操作入口为：进入"卖家中心"页面，依次单击"交易管

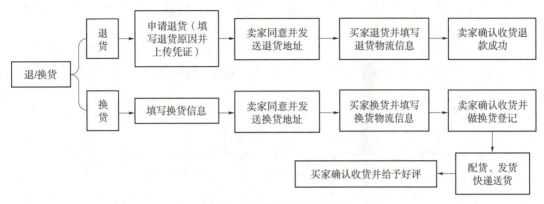

图 3-2　退/换货处理的流程

理"→"评价管理"按钮,进入评价管理页面,在此页面中,可对"来自买家的评价""来自卖家的评价""给他人的评价"及"已处置的评价"进行管理。

② 中差评处理。产生中、差评的原因,主要有物流慢,买家不满意客服态度、不满意商品的质量和性能等。

引导买家修改中、差评。其过程一般为:及时联系买家,了解中、差评原因;耐心与买家沟通,恳请买家修改中、差评。

对中、差评做回复解释。网店总会有部分中、差评是无法修改或删除的,原因可能是由于联系不上买家,或者和买家协商不一致。作为卖家客服,必做的一项工作就是对中、差评做回复解释。

联系买家的常用方法:阿里旺旺、电话、手机短信。

三、客服服务技巧

(一) 客服沟通技巧

(1) 态度方面。一要树立端正的态度。良好的态度是客服必备的要求,对于网店宝贝的成交至关重要,客服要认真对待工作,认真对待买家,认真反馈意见。二要保持积极心态,树立顾客至上的理念,打造优质的售后服务。当售出的商品出现问题的时候,无论是哪个方面出了问题,都应该及时解决,不能回避,更不能推脱,要积极主动与客户沟通,尽量让顾客觉得自己受到了尊重和重视。

(2) 表情方面。微笑是对顾客最好的欢迎,当迎接顾客时,哪怕只是一声轻轻的问候,也要送上一个真诚的微笑。虽然说在网上与顾客交流时看不见对方的表情,但只要客服是微笑的,顾客在言语之间是可以感受得到的。此外,多用旺旺表情也能收到很好的效果。无论旺旺的哪一种表情,都会将自己的情感信号传达给对方,比如说"欢迎光临""感谢您的惠顾"等都应该加上一个微笑,加与不加给顾客的感受是完全不同的。

(3) 礼貌方面。俗话说,"良言一句三冬暖,恶语伤人六月寒"。一句"欢迎光临",一句"谢谢惠顾",虽然只是短短几个字,却可以让顾客听起来非常舒服。客服人员要礼貌待客,让顾客真正感受到"上帝"般的尊重。顾客来了,一句"欢迎光临,请多多关照"或者"欢迎光临,请问有什么可以为您效劳的吗",诚心诚意地"说"出来,会让人有一种十分亲切的感觉，并且可以先培养一下感情，这样顾客的抵触心理就会减弱甚至消失。

（4）诚信方面。

① 坚守诚信。网络是虚拟空间，看不见、摸不着，顾客面对网上商品难免会有疑虑和戒心，所以对待顾客必须有诚心，诚实解答顾客的疑问，坦诚告诉顾客商品的优缺点，向顾客推荐合适的商品。

② 处处为顾客着想。让顾客满意，重要的一点体现在真正为顾客着想上，处处站在顾客的立场上，想顾客之所想，把自己变成一个买家助手。

③ 凡事留有余地。在与顾客交流的过程中，不要用"肯定""保证""绝对"等字样，这并不是说售出的商品是次品，也不表示对买家不负责任，而是不要让买家有失望的感觉。

④ 虚心请教，多倾听顾客的声音。当顾客上门时，客服并不能马上判断出顾客的来意及其所需要的物品，所以需要询问清楚顾客的意图，如需要什么商品，是赠送他人，还是自己使用，等等。了解清楚顾客的情况，准确地对其进行定位，才能做到只介绍对的，不介绍贵的，以客为尊，满足顾客的需求。

（5）专业能力方面。

① 做个专业卖家，给顾客准确的推荐。不是所有的顾客对你的商品都是了解和熟悉的。当有的顾客对产品不了解时，就需要客服解答，帮助顾客找到适合的商品。不能一问三不知，这样会使顾客失去信任感，而不在店里买东西。

② 坦诚说明商品的优缺点。介绍商品的时候，必须诚实地说出商品的优缺点。虽然商品的缺点是应该尽量避免提及的，但如果因此而造成事后顾客抱怨，反而会失去信用，得到差评也就在所难免了。在淘宝网会看到卖家因为商品质量问题得到差评，尤其是特价商品的出售容易造成这样的后果。因此，售卖此类商品时，要让顾客了解该商品的缺点，同时介绍商品的优点，先说缺点再说优点，这样更容易使顾客接受。介绍商品时，切忌与事实不符，夸大其词，导致失去顾客的信任，最终失去顾客。

（6）语言沟通技巧。

① 少用与多用。少用"我"字，多用"您"或者"咱们"这样的字眼，让顾客感觉客服在全心全意地替自己考虑。

② 常用规范用语。常用规范用语有"请""欢迎光临""认识您很高兴""希望在这里能找到您满意的商品""您好""请问""麻烦""请稍等""不好意思""非常抱歉""多谢支持"等。

③ 尽量避免使用负面语言。在顾客服务的语言表达中，应尽量避免使用负面语言。

（7）其他方面。

① 遇到问题多检讨自己，少责怪对方。当遇到问题时，先想想自己有什么做得不到位的地方，诚恳地向顾客检讨自己，不要先指责顾客。如果顾客没有看到写明的内容，不能指责顾客没有好好看商品说明，而是应该反省自己没有及时提醒顾客。

② 换位思考，理解顾客意愿。当遇到不理解顾客想法的情况时，不妨多问问顾客，然后从顾客的角度去体会其心境。

③ 表达不同意见时，应尊重对方立场。当顾客表达不同的意见时，要体谅和理解顾客，用"我理解您现在的心情，目前……"或者"我也是这么想的，不过……"来表达，这样顾客就知道客服接受了他的想法，能够站在自己的角度上思考问题，同样，顾客也会试图站在客服的角度上去思考。

④ 坚持自己的原则。在销售过程中，客服会经常遇到讨价还价的顾客，这个时候应当坚持自己的原则。如果商家在制定价格的时候决定不再议价，那么就应该向要求议价的顾客明确表达此原则。再比如说邮费，如果某顾客不符合包邮条件，但客服却给其包邮，会造成严重后果。

（二）网店客服工作技巧

（1）促成交易技巧。

① 利用"怕买不到"的心理。人们常常对越是得不到、买不到的东西，就越想得到和买到，客服可利用这种"怕买不到"的心理来促成订单。当顾客已经有比较明显的购买意向，但还在最后犹豫的时候，可采用以下说法来促成交易："这款是我们最畅销的品种，经常脱销，现在这批又只剩下两个了，估计这两天就会卖出，喜欢的话就别错过哦"或者"今天是优惠价的截止日，请把握良机，明天就没有这个折扣价了"。

② 利用顾客希望快点拿到商品的心理。大多数顾客在付款后希望商品越快寄出越好，所以在顾客已有购买意向，但还在最后犹豫的时候，可以说"如果真的喜欢的话就赶紧拍下吧，快递公司的人再过 10 分钟就来取货。如果现在支付成功的话，马上就能为您寄出"。这种说法对于可以用网银转账或在线支付的顾客尤为有效。

③ 采用"二选其一"的技巧来促成交易。当顾客一再发出购买信号，却又犹豫不决、拿不定主意时，可采用"二选其平一"的技巧来促成交易。譬如，可以说"请问您需要第 14 款还是第 6 款"，或是说"请问要平邮还是快递给您"。这种"二选其一"的问话技巧，其实就是在帮他拿主意，让其下决心购买。

④ 帮助准顾客挑选，促成交易。许多准顾客即使有意购买，也不喜欢迅速签下订单，总要东挑西拣，在商品颜色、规格、式样等问题上不停地打转。这时候客服就要改变策略，暂时不谈订单问题，转而热情地帮对方挑选颜色、规格和式样等。因为一旦上述问题得到解决，订单也就落实了。

⑤ 巧妙反问，促成订单。当顾客问到的某种商品没有现货时，可运用反问来促成订单。举例来说，顾客问："这款有金色的吗？"如果没有也不要回答没有，而应该问："不好意思，我们没有进金色的，不过我们有黑色、紫色、蓝色这三种颜色，您比较喜欢哪一种呢？"

⑥ 积极地推荐，促成交易。当顾客拿不定主意，需要客服推荐的时候，尽可能多地推荐符合顾客要求的款式，并在每个链接后附上推荐的理由，而不要找到一个推荐一个。可以用"这是刚到的新款，目前市面上还很少见""这款是我们最受欢迎的款式之一""这款是我们最畅销的货品，经常脱销"等推荐语来促成交易。

（2）时间控制技巧。除了回答顾客关于交易上的问题，还可以适当聊天，这样可以促进双方的关系，但要控制好聊天的时间和尺度，毕竟是在工作，还有很多事情要做。聊到一定时间后，可以以"不好意思，我有点事要走开一会儿"为由结束交谈。

（三）说服顾客技巧

（1）调节气氛，以退为进。说服顾客时，首先应该想方设法地调节谈话的气氛。如果和颜悦色地用提问的方式代替命令，并给人以维护自尊和荣誉的机会，气氛就是友好而和谐的，说服就容易成功；反之，说服时不尊重他人，拿出一副盛气凌人的架势，那么说服多半是要失败的。每个人都是有自尊心的，谁都不希望自己被他人不费力地说服而受其支配。

（2）争取同情，以弱克强。渴望同情是人的天性，如你想说服比较强大的对手，不妨采用这种争取同情的技巧，从而以弱克强，达到目的。

（3）消除防范，以情感化。一般来说，在和要说服的对象较量时，彼此都会产生一种防范心理，尤其是在危急关头。因此，要想说服对方，就要注意消除对方的防范心理。从潜意识方面来说，防范心理的产生是一种自卫，也就是当人们把对方当作假想敌时产生的一种自卫心理。那么，消除防范心理最有效的方法就是反复给予暗示，表示自己是朋友而不是敌人。这种暗示可以采用各种方法来进行，如嘘寒问暖、给予关心等。

（4）投其所好，以心换心。站在他人的立场上分析问题，能给人一种为他着想的感觉，这种投其所好的技巧常常具有极强的说服力。要做到这一点，"知己知彼"十分重要，唯先知彼，而后才能站在对方的立场上考虑问题。

（5）寻求一致，以短补长。习惯于顽固拒绝他人说服的人，经常都处于"不"的心理状态之中，所以自然而然地会呈现出僵硬的表情和姿势。对付这种顾客，如果一开始就提出问题，绝对打破不了顾客"不"的心理。因此，要努力寻找与顾客一致的观点，先让顾客赞同自己远离主题的意见，从而使其对自己的话感兴趣，而后再想方设法引入正题，最终取得顾客的同意。

任务二　千牛工作台——接待中心

一、千牛工作台

千牛工作台是阿里旺旺卖家版的替代和升级产品，具有更丰富的功能和插件。千牛工作台的界面如图3-3所示。

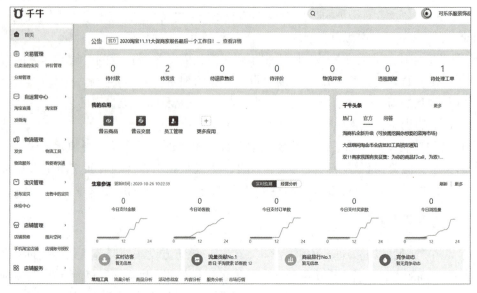

图3-3　千牛工作台界面

千牛工作台有两种运行模式：旺旺模式与工作台模式。旺旺模式以沟通为主，工作台模式以管理为主。

（1）旺旺模式：千牛工作台的旺旺模式由卖家版阿里旺旺升级而来。阿里旺旺是淘宝网内的即时交流工具，可以轻松实现在线沟通。一旦出现交易争议或者纠纷，淘宝网无法在外部聊天工具上核实会员的真实身份和对话记录的真实性，外部聊天工具上的对话记录无法作为证据用来举证，而使用阿里旺旺则能避免这一问题。

（2）工作台模式：千牛工作台的工作台模式常用功能包括交易管理、自运营中心、宝贝管理、店铺管理、物流管理及其他网店经营所需要的一系列工具。

二、千牛工作台的设置

（一）编辑基本资料

在使用千牛工作台之前，首先需要对头像等基本资料进行设置。这样不但能让买家对卖家印象深刻，还能体现网店的个性。

（二）系统设置

在"系统设置"对话框中，可以对文件传输、聊天记录保存、消息提醒方式等多个选项进行具体设置，这需要根据实际情况来调整。

（三）千牛接待中心的设置

千牛工作台不仅能管理网店，还能与买家或同行进行沟通与交流。

（1）自动回复。客服的响应速度直接影响着网店的动态评分，应提前设置好自动回复和快捷回复，以免访客量过高时回复不及时，影响客服的响应速度。

设置步骤如下：

① 登录千牛软件下载官网 qianniu.1688.com，下载并安装千牛手机版，如图3-4所示。

图3-4 千牛手机版

② 安装好之后登录千牛工作台，打开"接待中心"，依次单击"接待中心"窗口的最左下角"更多"→"系统设置"→"自动回复"按钮，如图3-5所示。

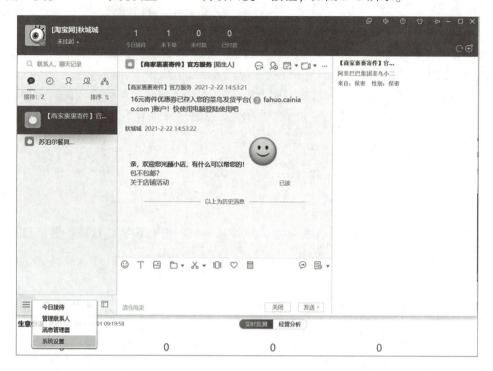

图3-5 自动回复设置页面

③ 依次单击"自动回复"→"新增"按钮，在弹出的"新增自动回复"窗口中输入快捷短语，单击"保存"按钮，快捷短语就保存在短语库中，继续编辑更多的快捷短语，如图3-6所示。

图 3-6　编辑自动回复快捷短语

④ 单击"设置自动回复"按钮，勾选"当天第一次收到买家消息时自动回复"，在下拉选择中选择快捷短语，完成"当天第一次收到买家消息时自动回复"快捷短语回复设置，如图 3-7 所示。

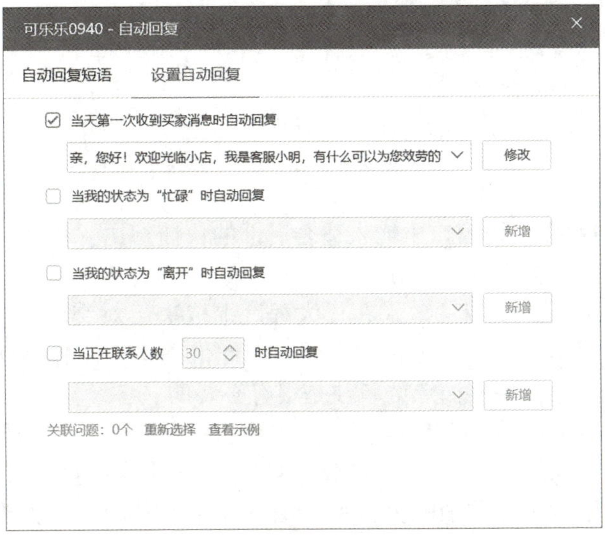

图 3-7　完成快捷短语回复设置

（2）快捷回复。

① 单击小气泡（接单中心）中的"快捷短语"按钮，在弹出的窗口中单击"新建"按钮，弹出"新增快捷短语"窗口，如图3-8所示。

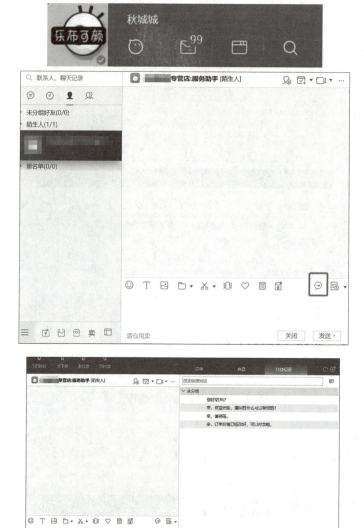

图3-8 单击"新建"按钮新增快捷短语窗口

② 在弹出的新增快捷短语窗口中输入适合店铺的快捷短语，单击"保存"按钮，短语就新增到快捷短语库中，如图3-9所示。

（3）编辑联系人备注。交流的效果在很大程度上取决于对交流对象的了解，了解程度越深，越便于进行有效沟通。人的记忆力有限，因此借助千牛工作台接待中心的编辑联系人信息功能，对交流对象做一些简单的备注是很有必要的。

（4）创建群。在千牛工作台创建群可以增加网店的凝聚力，利用群公告及时推广新品和发布优惠促销信息，与买家加强互动，联络感情。一个千牛群最多可以添加1000人。

（5）消息中心。消息中心的消息分为系统消息和服务号消息两大类，这两类消息用户均可自行订阅。在订阅设置页面中，用户可选择需要订阅的消息类型及消息提醒方式。

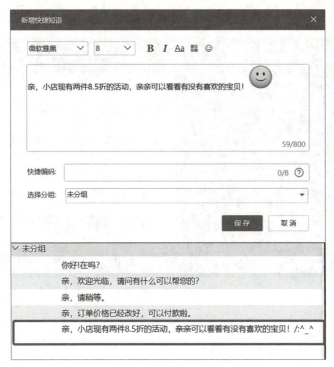

图 3-9　输入新增的快捷短语

三、智能客服店小蜜

"阿里店小蜜"是阿里巴巴集团在 2015 年 7 月 24 日发布的一款人工智能购物助理虚拟机器人,是会员的购物私人助理,能让会员专享一对一的客户顾问服务、全程陪伴式、安全有保障的购物体验。

开通店小蜜服务流程如下:

(1)登录"千牛卖家中心后台"单击"客户服务"→"阿里店小蜜"按钮,如图 3-10 所示。

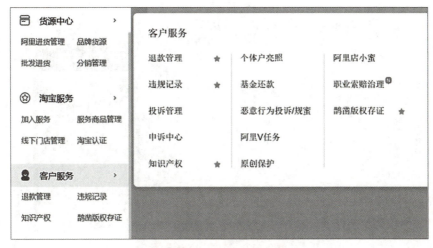

图 3-10　千牛客户服务页面

（2）阅读并签署店小蜜使用协议，单击"同意协议，即刻开启"按钮，如图3-11所示。

图3-11　开启店小蜜

（3）在系统的提示下完成相关设置，如图3-12所示。

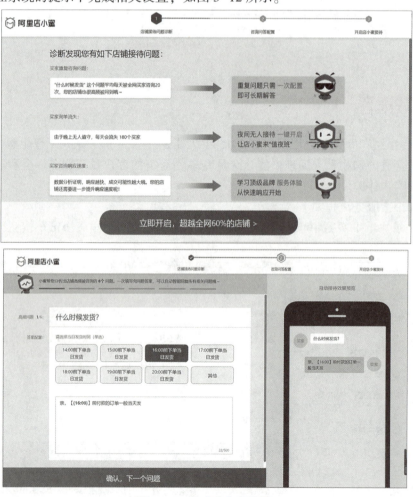

图3-12　完成店小蜜设置

项目三　网店日常管理

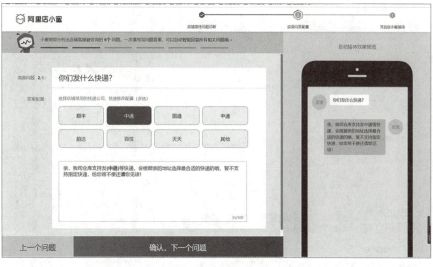

图 3-12　完成店小蜜设置（续）

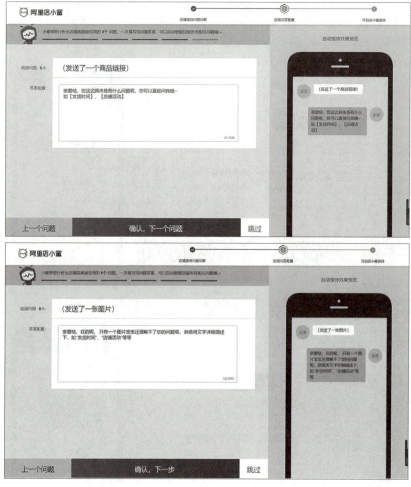

图 3-12　完成店小蜜设置（续）

（5）完成设置后，系统智能整理了买家最常问的 50 个问题的答案，覆盖店铺日常 80% 的咨询（大概需要花费你 10 分钟，来确认一下这些答案是否符合预期。一次确认，长期受益），如图 3-13 所示。

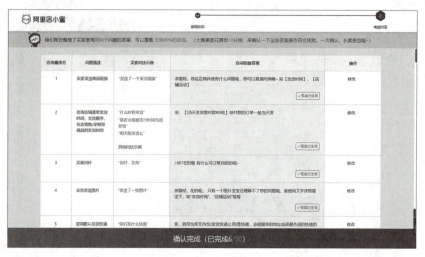

图 3-13　确认买家最常问的 50 个问题的答案

（6）最后开启店小蜜辅助接待，如图 3-14 所示。

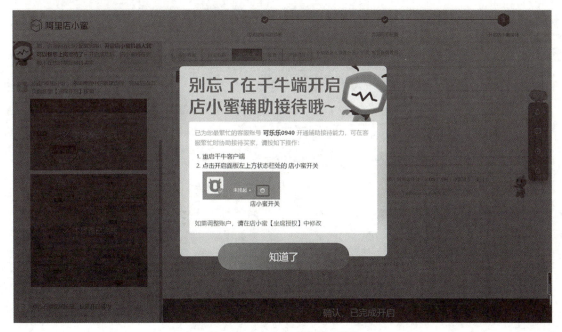

图 3-14　开启店小蜜辅助接待

全自动接待设置，如图 3-15 所示。

图 3-15　全自动接待设置

智能辅助接待设置，如图 3-16 所示。

图 3-16　智能辅助接待设置

小贴士

智能客服能辅助人工客服更好地完成日常接待，帮助人工客服更好地响应买家的咨询，但是不能完全依赖智能客服，遇到特殊问题时还是需要人工客服处理和接待，这样更能体现客服的职业素养和敬业精神。

实训任务

任务一　设置客服自动回复

根据店铺的主营类目，设置合理的自动回复短语，帮助人工客服接待买家进店。

任务二　编辑快捷短语

根据店铺的主营类目，为店铺编辑合理而有特色的快捷短语，减轻人工客服日常接待的工作量。

任务三　开启智能客服店小蜜

开启智能客服店小蜜，辅助人工客服日常接待，减轻人工客服工作量。

任务三　商品交易管理

一、订单管理

依次单击"卖家中心"→"交易管理"→"已卖出的宝贝"按钮，管理系统根据交易双方的完成情况，会显示出不同商品的交易状态。

（1）等待买家付款。买家拍下某个商品之后，在付款之前，订单的交易状态会显示为"等待买家付款"。此时，卖家可以等待买家付款、修改价格或关闭交易。

（2）买家已付款。买家付款后，订单的交易状态会显示为"买家已付款"。这时，卖家要与买家核实订单内容和收货地址，确认无误后单击"发货"按钮。

（3）卖家已发货。卖家需要选择对应的物流公司，填入该笔交易的发货单号，及时将交易状态修改为"卖家已发货"。只有在此状态下，买家才能确认收货，同意将货款支付给卖家。

（4）交易成功。买家收到商品以后，经核查无误可以单击"确认收货"按钮，同意支付宝放款给卖家，订单的交易状态显示为"交易成功"，则表示货款已经转到了卖家的支付宝账户里。

二、退货、退款

退货、退款属于售后服务的范畴，买家付款或收到商品后由于主观原因或商品质量问题等可以在后台发起退款申请或退货、退款申请。

买家发起退款申请为例：

在"退款中"状态下找到待退款的订单，依次单击"请卖家处理"→"同意退款"按钮，输入支付宝密码及手机校验码，单击"确定"按钮。

如果买家收到货后在后台发起退货、退款申请，卖家对退款订单的操作与上述买家发起退款申请的操作大致相同，基本流程分为四步，如图3-17所示。

图3-17 退货、退款流程

一种情况是同意买家的退货、退款请求，卖家需要把退货地址发送给买家。

卖家可以进入"卖家中心"，单击"物流工具"按钮，选择"地址库"，进入地址库设置页面，对退货地址进行设置。

另一种情况是不同意买家的退货、退款请求，这时需要选择拒绝的原因，填写拒绝说明，还可上传相关凭证展示给买家，这时退货、退款申请退回到第①步，买家可以修改退货、退款申请，也可以关闭退货、退款申请。如果卖家对买家修改后的退货、退款申请仍不同意，可申请淘宝小二介入裁定。

三、评价管理

淘宝网规定，买卖双方应基于真实的交易进行相互评价。在日常的评价管理工作中，最主要的工作是评价解释和修改评价。

1. 评价体系

淘宝网的评价体系包括"信用评价"和"店铺动态评分"两种，淘宝集市这两种评价方式都有，天猫商城只有"店铺动态评分"。在淘宝集市交易平台使用支付宝成功完成一笔交易订单后，双方均有权对交易情况做出评价。

（1）信用评价。评价分为"好评""中评""差评"三种。评价人若给予好评，则被评价人信用积分增加 1 分；若给予差评，则信用积分减少 1 分；若给予中评或 15 天内双方均未评价，则信用积分不变；若评价人给予好评而对方未在 15 天内给其评价，则被评价人信用积分增加 1 分。买卖双方信用等级如表 3-1 所示。

表 3-1　买卖双方信用等级

积分	信用等级标志	积分	信用等级标志
1 星：4~10	❤	1 皇冠：10 001~20 000	👑
2 星：11~40	❤❤	2 皇冠：20 001~50 000	👑👑
3 星：41~90	❤❤❤	3 皇冠：50 001~100 000	👑👑👑
4 星：91~150	❤❤❤❤	4 皇冠：100 001~200 000	👑👑👑👑
5 星：151~250	❤❤❤❤❤	5 皇冠：200 001~500 000	👑👑👑👑👑
1 钻：251~500	💎	1 金冠：50 001~1 000 000	👑
2 钻：501~1000	💎💎	2 金冠：1 000 001~2 000 000	👑👑
3 钻：1001~2000	💎💎💎	3 金冠：2 000 001~5 000 000	👑👑👑
4 钻：2001~5000	💎💎💎💎	4 金冠：5 000 001~10 000 000	👑👑👑👑
5 钻：5001~10 000	💎💎💎💎💎	5 金冠：10 000 001 以上	👑👑👑👑👑

若 15 天内相同买家、卖家就同一笔交易进行评价，多个好评只加 1 分，多个差评只减 1 分。每个自然月中，相同买家和卖家之间的评价计分不得超过 6 分，超出计分规则范围的评价将不计分。评价人在做出中、差评后的 30 天内，可以对评价进行修改。评价只能修改一次，且只能修改中评和差评。

卖家按"卖家中心"→"交易管理"→"已卖出的宝贝"→"需要评价"的顺序单击按钮，找到需要评价的交易，从评价操作提示进去就可以给对方一个中肯的评价。

（2）店铺动态评分。

店铺动态评分也称卖家服务评级（Detailed Seller Ratings，DSR），是淘宝网、天猫商城的一种动态评分系统，只有使用支付宝并且交易成功的交易才能进行店铺动态评分。在淘宝网交易成功后的 15 天内，买家可以对本次交易进行三项评分，它们分别是宝贝与描述相符、卖家的服务态度和物流服务的质量，每项店铺动态评分取连续 6 个月内所有买家给予评分的算术平均值。店铺半年内动态评分如图 3-18 所示。

交易管理主要是指对交易流程的管理，当买卖双方确定进行交易时，交易管理不仅包括卖家的一系列操作，还包括对买家的操作指导。

2. 评价解释

不管是买家还是卖家，对收到的主评价或追加评价都有一次解释的机会，对好评、中评、差评都可以解释，差评需要双方互评 48 小时后全网显示，才可以进行解释。追加评价的解释不论好评、中评、差评都会在评价展示页面展示，但解释入口会在评价生效后才会开放。评价解释期为对方做出评价后的 30 天内，追加评论的解释期为对方追加评论后的 30

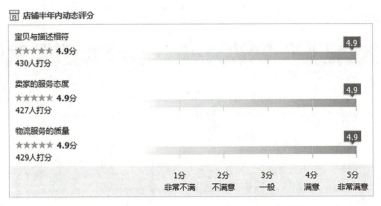

图 3-18　店铺半年内动态评分

天内,逾期解释入口将关闭,若主评价解释时间超时,但尚在追加评价解释时间内,则只可进行一次追加评价解释,卖家可以及时、有效地对买家的评论做最优的回复,让买家感受到舒心的服务。

按"卖家中心"→"交易管理"→"评价管理"→"来自卖家/买家的评价"的顺序单击按钮,再选择需要解释的评价,单击"解释"按钮即可对收到的评价进行解释。解释内容会显示在被评价方信用评价页面对应的评价下方(如果买家选择了匿名评价,则卖家对收到的评价做出的相应解释将不显示)。

3. 修改评价

有时交易双方会因为一些误会和争议给出负面的评价,如果经过沟通和协商,达成一致,愿意将中、差评修改为好评,可以不用求助于淘宝网客服,自己就能轻松地修改评价。

如果卖家需要修改给买家的评价,按"卖家中心"→"交易管理"→"评价管理"→"给他人的评价"的顺序单击按钮,从中不仅可以看到别人给自己的评价,也能看到自己给别人的评价,找到需要修改的评价,会看见后面有一个修改评价的提示,单击进入就能将中评、差评改为好评。

除了修改自己给出的中评、差评,卖家也可以按照这个操作流程去指导买家修改中评、差评,使网店保持一个较好的评价记录。

4. 违规管理

淘宝网上涉及的违规行为分为一般违规行为和严重违规行为,两者分别扣分、分别累计、分别执行。卖家因出售假冒商品的严重违规行为扣分将单独累计,不与其他严重违规行为合并计分。严重违规行为是指严重破坏淘宝网经营秩序或涉嫌违反国家法律、法规的行为,包括发布违禁信息、侵犯知识产权、盗用他人账户、泄露他人信息、骗取他人财物等;一般违规行为是指除严重违规行为外的违规行为,包括滥发信息、虚假交易、延迟发货、描述不符、违背承诺、竞拍不买、恶意评价、恶意骚扰、不当注册、未依法公开或更新营业执照信息等。

5. 投诉管理

当买家遇到不公正待遇,如快递破损、卖家欺诈、虚假交易等,严重损害了买家自身的合法权益,尤其是一些可能涉嫌违法的行为,买家可以对卖家进行投诉。卖家可按"卖家中心"→"客户服务"→"违约投诉管理"的顺序单击按钮查看投诉记录,如图 3-19 所示。

图 3-19　违约投诉页面

淘宝规蜜是淘宝网官方开发，专门为投诉等提供服务。如果卖家遭到了买家的敲诈勒索，卖家可以通过淘宝规蜜投诉买家，但只限于以下几种情况：

第一，异常拍下。第二，异常退款。第三，异常投诉。第四，不合理评价。

卖家可以登录淘宝规蜜首页，选择"投诉"，按照类型提交投诉。申诉流程说明如图 3-20 所示。

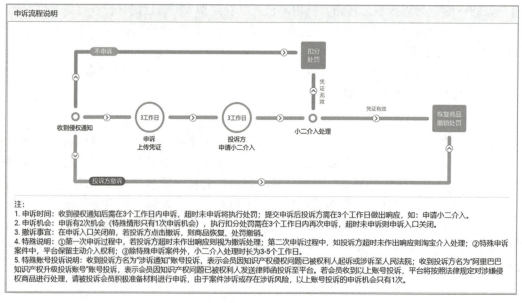

图 3-20　申诉流程说明

6. 申诉管理

一旦有人对网店交易进行投诉或者举报网店侵权、违规，淘宝网就会将纠纷处理进程及时通知给双方。如对于处理结果有异议需要申诉，卖家就应赶紧收集相关证据，及时进行申诉。

若卖家的淘宝账户因违规被扣分，可按"卖家中心"→"宝贝管理"→"体检中心"的顺序找到违规记录，查看违规详情，了解这些违规内容是否支持申诉。

任务四　仓储管理

一、仓储的概念

从物流管理的角度看，可以将仓储定义为：根据市场和客户的要求，为了确保货物没有损耗、变质和丢失，为了调节生产、销售和消费活动以及确保社会生产、生活的连续性，而对原材料等货物进行储存、保管、管理、供给的作业活动。对仓储概念的理解要抓住以下要点：

（1）满足客户的需求，保证储存货物的质量，确保生产、生活的连续性是仓储的使命之一。

（2）当物品不能被即时消耗，需要专门的场所存放时，形成了静态仓储。对仓库里的物品进行保管、控制、存取等作业活动，便产生了动态仓储。

（3）储存的对象必须是实物产品，包括生产资料、生活资料等。

（4）储存和保管货物要根据货物的性质选择相应的储存方式。不同性质的货物应该选择不同的储存方式。例如，食品、生物药品等对温度有特殊要求的货物需要采用冷藏库储存，液体性的原油或成品油就需要使用油品库储存。

二、仓储的功能

从整个物流过程看，仓储是保证这个过程正常运转的基础环节之一。仓储的价值主要体现在其具有的基本功能、增值功能以及社会功能三个方面。

（1）基本功能：是指为了满足市场的基本储存需求，仓库所具有的基本的操作或行为，包括储存、保管、拼装、分类等基础作业。其中，储存和保管是仓储最基础的功能。通过基础作业，货物得到了有效的、符合市场和客户需求的仓储处理，例如拼装可以为进入物流过程中的下一个物流环节做好准备。

（2）增值功能：通过基本功能的实现而获得的利益体现了仓储的基本价值。增值功能则是指通过仓储高质量的作业和服务，使经营方或供需方获取除这一部分以外的利益，这个过程称为附加增值。这是物流中心与传统仓库的重要区别之一。增值功能的典型表现方式包括：一是提高客户的满意度。当客户下达订单时，物流中心能够迅速组织货物，并按要求及时送达，提高了客户对服务的满意度，从而增加了潜在的销售量。二是信息的传递。在仓库管理的各项事务中，经营方和供需方都需要及时而准确的仓库信息，例如仓库利用水平、进出货频率、仓库的地理位置、仓库的运输情况、客户需求状况、仓库人员的配置等信息。这些信息为用户或经营方进行正确的商业决策提供了可靠的依据，提高了用户对市场的响应速度，提高了经营效率，降低了经营成本，从而带来了额外的经济利益。

（3）社会功能：仓储的基础作业和增值作业会给整个社会物流过程的运转带来不同的影响，良好的仓储作业与管理保证了生产、生活的连续性，反之会带来负面的效应，这些被称为社会功能。主要从三个方面理解：第一，时间调整功能。一般情况下，生产与消费之间会产生时间差，通过储存可以克服货物产销在时间上的隔离（如季节生产，但需全年消费的大米）。第二，价格调整功能。生产和消费之间也会产生价格差，供过于求、供不应求都会对价格产生影响，因此通过仓储可以克服货物在产销量上的不平衡，达到调控价格的效果。第三，衔接商品流通的功能。商品仓储是商品流通的必要条件，为保证商品流通过程连续进行，就必须有仓储活动。通过仓储，可以防范突发事件，保证商品顺利流通，例如运输被延误、卖主缺货。对于供货仓库而言，这项功能是非常重要的，因为原材料供应的延迟将导致产品的生产流程的延迟。

三、仓储管理流程

网店仓储管理的各步骤之间环环相扣、层层递进，每一步都需要细致的操作，直至完成整个仓储管理及物流操作过程。大多数网店的仓储管理流程如图3-21所示。

图3-21 大多数网店的仓储管理流程

（一）入库

入库是商品储存的开始。它是指物流公司的车到达仓库后，仓库管理人员着手收货，包括接运、装卸搬运、检查验收、办理入库手续等一系列作业环节所构成的操作过程。

入库作业环节主要包括货位规划、商品接运、商品验收、入库交接、办理入库。下面主要就货位规划和商品验收进行详细说明。

（1）货位规划。货位规划是商品入库作业的基础，好的货位规划能够利用最小的空间，更快地将商品发出。网店商品货位规划一般采用按商品分类摆放的方法。按照这种摆放方法，可以在接收所有货之前将部分摆位作业完成。这种方法既可以减少存储空间，又可以缩短商品的发货时间，是网店比较好的商品摆位方法。

（2）商品验收。商品验收是一项技术要求高、组织严密的工作，关系到整个仓储业务能否顺利进行，因此必须做到准确、及时、严格、经济。由于顾客不能在销售前期对网店商品进行直接的体验和检查，因此送达顾客手中的商品就是最终商品。如果顾客不满意就会退货，这对商家来说必将产生额外的费用，所以网店商品的验收更为重要。

商品验收的作业流程为验收准备、核对凭证、商品入库、实物检测及填写检验单。

① 商品入库。商品入库的第一步是货号的编写。货号相当于为商品设置一个特定的编

号，是为方便卖家对商品进行管理而设置的。卖家可自行设置每件商品的货号。

在电子商务的发展史中，货号的编写尤为重要。由于电子商务流程可以全程数据化，商品最精准的定位就是商品的 ID 号码。ID 号码是一串数字，工作中很难记忆并且容易出错。因此，编写一个易记简单的货号对仓库管理十分必要。编写货号的一般方法为"商品属性+序列数"。

下面以服装为例说明货号编写的具体方法。

a. 将商品分出类别，如外套、卫衣、衬衫及西装等。

b. 对应写出每一类别商品名称的汉语拼音，确定商品属性的缩写字母，如外套的缩写字母为 WT，卫衣的缩写字母为 WY，衬衫的缩写字母为 CS，等等。

c. 每一类别商品的数字编号可以是两位，也可以是三位或四位，主要看类目款式和未来发展的情况，如 WT001 就代表外套类 001 号款式。

d. 货号还可以表示生产年份、季节、材质、性别、颜色等多种属性。

需要注意的是，货号的编写属性越多，就越准确，但也越难记，因此，在货号的编写过程中，平衡信息也十分重要。

e. 商品货号编写完成后，可以利用数据库（Excel）进行汇总。

② 实物检测。在商品入库的同时，要对入库商品的数量及质量进行检测。

数量清点：不同品类的商品可以按照数量或重量进行清点。

包装验收：利用"看""听""摸"对商品进行全方位的检测。商品包装一旦破损，应及时与进货方或运输方协商处理。

③ 填写检验单。在实物检测合格并确认货品完好的情况下，填写商品入库检验单，如表 3-2 所示。

表 3-2　商品入库检验单

生产企业					
入库时间				订货数	
品名		批号		点收数	
联系电话		规格/编号		实收数	
序号	检验项目	检验情况描述		结果判定	
检验数量		合格率		不良率	
处理情况		□接受	□拒收	□特检	□全检
备注					
仓管			质检		

（二）储放

货物验收后进入仓库储存时需要明确货物的存放位置（最好是在货物运抵仓库前确定，这样货物到仓后可加快货物储放的速度）。如果卖家的供货量比较小，则可以直接放在货架上。货物储存摆放的具体位置直接决定了卖家的拣货速度等后续仓库作业流程的效率，卖家应尽量争取降低货物在仓库内移动的次数，减少移动距离，以降低整体仓库移动成本。

货物入库后要进行摆放，摆放的原则是整齐、节约空间、便于发货。货物摆放通常有以下三种方法：

（1）按顺序摆放。货物摆放最常见的方法是把所有到货的货物按收货顺序进行堆放，然后根据包装清单和其他相关文档进行核收。这种方法可以确保所收货物的种类和数量在向下配送前是准确、可靠的。尽管此操作流程可以很容易地发现货物的不符点，并且能够轻松地对货物进行管理，但是它需要较大的工作平台，同时也增加了货物在库区中的作业时间。

（2）按商品分类摆放。采用按商品分类摆放的方法可以在接收到所有货物之前将部分摆位作业完成。这种方法不但使用的存储空间较小，而且缩短了把货物送到最终存货点的时间。

（3）按货位摆放。按货位摆放是为了加快货物的移动速度，缩短货物从收货至送到存储点的时间，并减小作业平台的使用面积，可以将从运输车辆上接收到的货物直接送达最终的存货地点。这种方法比前两种方法更有效率，同时将货物送到最终存货点所需的时间相对减少，但是这种方法需要仓库管理系统的支持。

（三）补货

通常所说的 B2C 仓库会将仓库区域划分为零库和整库，即单款 SKU 商品储放的货架和整箱商品存放的区域。这样的规划有利于减少订单拣货路径的长度，并加快拣货员的拣货速度。补货也称为仓位补货，因零库货架的商品不足，而需要从整库的整箱商品中拣取并存放于相应的零库货架上，俗称"调拨"。

（1）补货的含义。所谓仓位补货作业，就是指将货物从自存储区移动至订单拣货区。它既有可能是正向的，也有可能是逆向的。

针对卖家的实际情况，可以采取定时补货机制，如每天中午或晚上，检查商品库位的使用情况，同时还需要查看往日的销量及下一个补货期前的预测销量。这样可以计算出仓位的容量是否能够满足预估及发货的情况，还可以利用仓位的容积率来计算存放 SKU 的数量。后续补货时间对是否补满和补多少的问题有重要的意义。

（2）库存控制。库存控制是指在保障业务正常运作的前期下，为使库存商品达到最少数量所进行的有效管理的技术经济措施，也就是对商品库存量的控制。在商品库存中，过剩库存、积压库存和缺货称为三大不良库存。库存控制的关键问题包括确定订购点、订货量及库存基准。

① 确定订购点。所谓订购点，就是指库存量降至某一数量时，应即刻采购补充的点或界限。如果订购点定得过高，必将使库存增加，相对增加货品的库存成本及空间占有成本；如果订购点定得过低，则将造成缺货，甚至流失订单，影响信誉。因此，订购点的确定非常重要。

② 确定订货量。所谓订货量，就是指当库存量达到订购点时，决定订购补充商品的数量，按此数量订购，才能配合最高库存量与最低库存量的基准。若订购量过多，则货品的库存成本增加；若订购量太少，则货品会有供应链断档的可能，且订购次数必然增加，从而提高了订购成本。

③ 确定库存基准。库存基准即应维持多少库存，主要包括最低库存量和最高库存量两个指标。

（3）库存合理化的措施。库存合理化可采取的具体措施有储存物品的 ABC 分析与管理；实施重点管理；适当集中储存；加速周转；采用有效的先进先出（first in first out，FIFO）方式；增加储存密度，提高仓容利用率；采用有效的储存定位系统，如仓库管理系统（Warehouse Management System，WMS）定位。

合理使用储存定位系统，不仅能大大减少寻找、存放、取出货物的时间，节约劳动时间及人力成本，而且能防止差错，是一种高效的管理方式。储存定位系统利用电子计算机存储容量大、检索速度快的优势，在入库时将商品的存放库位输入计算机，出库时向计算机发出指令，并按计算机的指示人工或自动寻址，找到存放货物、拣选取货的方式。

（4）ABC 分类管理法。1897 年，意大利经济学家帕累托在对 19 世纪英国社会各阶层的财富和收益统计分析时发现：80%的社会财富集中在 20%的人手里，而 80%的人只拥有社会财富的 20%，这就是"二八法则"。"二八法则"反映了一种不平衡性，但它却在社会、经济及生活中无处不在。"二八法则"是 ABC 分类法的指导思想。所谓"二八法则"，简单地说，就是指 20%的因素带来 80%的结果。在库存管理中，同样存在"二八法则"，即少量库存占用大量资金的情况。由于此类库存价值较高，因此企业需要实施更为精细化的管理策略，以更好地控制库存成本。

根据"二八法则"，将库存物品依据所占资金的多少划分为 A、B、C 三类。其中，A 类存量少，但占用资金多，特别重要；C 类存量多，但占用资金少，不太重要；B 类介于 A 类、C 类之间，一般重要。

ABC 分类法的步骤如下：

第一步，计算每种库存物资在一定期间（1 年）内的占用资金情况，其计算方法是单价乘以库存物资的数量。第二步，计算不同的库存物资占用资金占库存总金额的百分比。第三步，将库存物资按占用资金百分比降序排列，然后依次计算占用资金累计百分比，累计百分比为 60%~70%的各种物资为 A 类，占余下累计百分比 20%左右的为 B 类，其他的为 C 类。

（5）盘点作业。仓储管理系统要求保证库存的准确性，以维持仓储作业的有效性。要保证库存的准确性，通常每年或每月，甚至每天都要进行实际库存盘点，或按计划周期性进行指定存库区域的盘点。盘点周期是指对一些选定的库存商品的盘点间隔时间。

盘点作业的流程为：事先准备（准备盘点过程中需要的各类物资、设备等）→盘点时间的确定（盘点时间的周期，如果是有实施 ABC 商品分类管理的公司，A 类商品每天或每周盘点一次，B 类商品每 2~3 周盘点一次，C 类商品每月盘点一次）→盘点人员的培训→储存场所的清理→盘点工作的开展→差异因素的追查→盘盈、盘亏的处理。

（四）拣货

拣货也称分拣，从库区提取货物（订单中的商品）通常有两种拣选方式：摘果法（一次分拣）和播种法（二次分拣）。不同的卖家可以根据类目特性、仓库实际情况、每天订单发货量、人员配备等条件选取适合自己的拣货方式。

（1）基本流程。处理订单时，作业人员需要对货物进行分拣，并将分拣完毕的货物放置在发货区域，这就是分拣作业。分拣作业的目的是满足订单的人性化需求。电商卖家的分拣作业直接影响发货的效率及订单的正确性。

订单分拣是仓库作业的一项主要活动。每个订单的处理都要求对分拣出来的商品进行打包，并按照要求进行包装。如有特殊包装要求，则需在订单备注等处特别注明。图3-22所示为订单分拣的基本流程。

图3-22 订单分拣的基本流程

（2）影响分拣作业的因素。

① 货物的移动和搬运。接收货物并将货物搬运到指定地点堆放以后，因为有存储和订单分拣的需要，货物需要经常在仓库中被移动和搬运。通常，货物在仓库中的移动和搬运至少要进行两次，有时候甚至是三次。第一次是将货物从接收区域移动到储存点；第二次是在订单打包之前，按照仓库的运作流程与路径，对货物进行移动。如果商品是大型货物或大批量商品，如某些大型电器设备，那么把货物移动到分拣区的过程就没有必要了。

② 仓位规划。仓位规划时，要考虑的最重要的变量是货物周转率、质量及特殊的存储要求。货物周转率是考虑仓库布局时的主要因素。快速周转的货物的放置原则是使移动距离最小。例如，周转率较高的商品应该放置在门口、主要过道附近，或者是仓库中较低的货架上。这种放置方式使商品搬运次数最少，并且减少了频繁搬运货物的可能。相反，周转较慢的货物应该放在距离主要过道较远的地方，或者是货架的上层。

（五）发货

（1）发货的基本流程。发货方式主要有委托发货和顾客自提。电商卖家中最主要的发货方式就是委托发货，即委托第三方物流公司发货。这里只介绍委托发货方式的基本流程。

委托发货是指库房在执行订单处理过程中的最后一条指令，由库房依据出货指令对从仓库拣选完毕的订单进行打包并装车的一系列操作过程，其中还会伴有称重、与物流公司交接等业务行为。委托发货的基本流程如图3-23所示。

图3-23 委托发货的基本流程

（2）打包。虽然网店经营的商品类目不同，但是在发货前都需要对商品进行打包，其基本流程如图3-24所示。

（3）包装材料。包装材料是指制作各种包装容器和满足产品包装要求所使用的材料，是商品包装的物质基础。包装材料的种类繁多，常用的有纸质材料、塑料、金属、玻璃、陶瓷、天然材料、纤维织品材料、复合材料以及易降解的新型环保材料等。

（4）包装技术。包装技术主要有缓冲包装技术（防振包装技术）、保鲜包装技术、充

图 3-24 打包的基本流程

气包装和真空包装技术。

（5）包装合理化。一方面包括包装总体的合理化，这种合理化往往用整体物流效益与微观包装效益的统一来衡量；另一方面包括包装材料、包装技术、包装方式的合理组合及运用。

（6）发货注意事项。

① 发货前，一定要再三确认买家的收货地址和姓名。交易时，一定要用旺旺来沟通，这个涉及事后的纠纷维权问题。

② 根据实际情况选择合适的发货渠道，一般多选快递公司，而且要确定该快递公司是否可以送货上门。

③ 根据货物的实际情况，选择合适的包装方法。尽量做到包装严密、美观，适当加入自己的 Logo 等公司信息，增强顾客对店铺的记忆度。

④ 在情况允许的情况下，发货前先把快递单填好。要注意快递超重问题，可自备电子秤，如超重可适当去除一些包装物品。

⑤ 要时时留意货物的物流情况，并在网店后台及时确认发货，便于顾客查询物流信息。

小 结

网店的客服和商品交易管理是网上开店的两个重要环节，本章着重从网店客服、千牛工作台、商品交易管理、仓储管理等方面做了介绍，旨在让读者了解并掌握网店客服工作内容及技巧、千牛工作台接待中心的操作、商品的订单管理、评价管理、仓储管理流程等工作，希望读者通过本章的学习可以快速有效地提升个人工作技能，最终提升网店管理能力。

实训任务

设置店铺的快递运费模板，包装产品并发货。

课后习题

一、单选题

1. 判断一家快递公司是否可靠，主要（　　）。

A. 看规模　　　　　　B. 看优势　　　　　　C. 看评价　　　　　　D. 以上都是

2. 买家要求客服推荐商品时，客服的正确做法是（　　）。

A. 推荐网店最热销的商品，因为好评多买家容易接受

B. 推荐网店利润最高的商品，因为利润赚得多

C. 引导买家说出需求，推荐买家所需要的商品

D. 推荐自己认为好的商品

3. 商品包装的主要材料有（　　）。

A. 纸箱　　　　　　　B. 快递袋　　　　　　C. 牛皮纸　　　　　　D. 以上都是

4. 以下对商品包装注意事项的描述中，正确的选项是（　　）。

A. 易变性、易碎的商品可用泡棉、报纸等缓冲撞击，玻璃制品可用木架框起

B. 对于液体类商品，其瓶嘴要用胶带缠住，瓶身用泡棉包裹减少震动冲击

C. 以上都是

D. 以上都不是

5. 以下选项中，属于售前客服工作内容的是（　　）。

A. 催付　　　　　　　　　　　　　　　B. 退/换货处理

C. 评价处理　　　　　　　　　　　　　D. 以上都是

6. 买家对商品的价格有异议时，想让客服优惠一些，客服的正确做法是（　　）。

A. 满足买家的需求，答应买家的议价，爽快地给买家优惠

B. 婉转地拒绝买家，用商品的卖点引导买家，突出商品的价值，转移买家对价格的关注度

C. 直接拒绝买家，告知买家网店一概不议价，这样不浪费时间

D. 以上做法都不对

二、简答题

1. 举例说明网店运输商品的包装主要有哪些类型。
2. 简述网店客服沟通的技巧。
3. 客户关怀的工具有哪些？每种工具的优缺点及适合情景是什么？
4. 说一说你所理解的客户关系管理。
5. 学习淘宝规则（rule.taobao），总结淘宝网的发货、签收、收货、退货及运费规范的要点。

项目四

网店推广

 学习目标

素质目标:
- 通过任务培养学生遵规守法、诚信经营的意识。
- 通过任务培养学生团队协作意识、劳动意识和实践创新意识。
- 通过任务培养学生互联网时代的理性思维、规则意识和责任意识。

知识目标:
- 通过任务让学生知道淘宝网店内、站内、站外推广工具相关的知识。
- 通过任务让学生掌握站内外各种营销活动的主要类型、报名规则和报名流程。
- 通过任务让学生掌握 SEO 优化的原理,以及 SEO 优化的主要内容。
- 通过任务让学生掌握淘宝直通车、引力魔方、万相台排名规则和扣费原理。

技能目标:
- 通过任务让学生学会使用店铺营销工具优惠券、单品宝、店铺宝、搭配宝策划店铺促销活动。
- 通过任务让学生能够根据搜索引擎的工作原理,通过对商品和用户的分析,完成网店商品关键词的挖掘,并依据选词和组词方法,制作合适的商品标题,提高商品搜索排名,获得自然搜索流量。
- 通过任务让学生学会开通淘宝直播并尝试直播销售。

 **项目导入**

淘宝开店审核成功,完成网店装修工作后,最重要的就是进行营销推广了。现在,开网店不再是酒香不怕巷子深的年代了,营销推广是每个网店不可或缺的一部分。它的意义不仅仅是直接带来网店的销量,更重要的在于吸引更多人关注网店和产品。

网店的推广是指通过一定的媒介有计划地进行网店传播的活动，简单来说，就是要让买家"知道我们"。网店的营销是指买家上门后，利用有效的促销宣传手段促成交易，简单来说，就是要让买家"选择我们"。一般来说，网店推广与营销分为店内推广、站内推广和站外推广，本项目将从认识流量的结构、店内推广、站内推广和站外推广四方面来展开学习。

任务一　认识流量的结构

流量是衡量淘宝网店运营成功与否的参考指标之一。一个成功的淘宝网店的流量来源广泛、种类丰富。即使是再好的宝贝、再低廉的价格，如果没有流量，也就没有销量。因此，流量从某种程度对网店的发展有着至关重要的影响。只有掌握流量的结构和引流方法，店铺人气才会增加，卖家才能寻找到潜在的买家。

一、自然流量

自然流量是指淘宝买家主动访问网店时产生的流量。自然流量是所有流量中质量最高的流量，这类流量具有很强的稳定性，且成交转化率极高，可以很直观地看出访问网店的买家的特征和质量。自然流量主要来自直接访问、宝贝收藏、购物车、已买到的宝贝。

（一）直接访问

直接访问是指淘宝买家在搜索栏中直接输入宝贝名称或网店名称进入网店访问的行为。买家直接在搜索栏（见图4-1）中输入宝贝的名称或网店名称，即可看到相关宝贝。

图4-1　淘宝首页搜索界面

例如，在搜索栏中输入"运动鞋"，便可以查看相关的宝贝，如图4-2所示，再通过单击宝贝主图即可进入网店。这类流量对宝贝的成交转化率有一定的影响，因为这类淘宝买家有很强的购物意愿。但是他们在购物过程中容易受到价格、主图效果等因素的影响，从而影响成交转化率。所以，淘宝卖家在针对这类买家群体时，要尽量把宝贝的主图设计得更加具有吸引力，以引起其注意，增加网店的访问量。

（二）宝贝收藏

宝贝收藏是指淘宝买家对某款宝贝进行收藏的行为。宝贝的收藏量高，表明买家对宝贝感兴趣。淘宝买家直接通过淘宝收藏夹中的已收藏的宝贝即可进入淘宝网店，如图4-3所示。

图4-2　主图设计截图

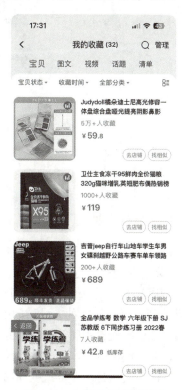

图4-3　宝贝收藏界面截图

宝贝收藏人气是宝贝收藏人数和关注热度的综合评分。宝贝收藏人气对于宝贝和网店的综合评分是有影响的，是一个网店热度的指标，其高低能动摇买家的购买决心。

（三）购物车

淘宝购物车是淘宝网为广大淘宝买家提供的一种快捷购物工具，同时也便于淘宝卖家进行促销活动。淘宝买家将多种宝贝添加至购物车后批量下单，可通过支付宝一次性完成付款，如图4-4所示。

淘宝买家通过淘宝购物车对淘宝网店进行访问，表示买家对该网店的某件商品很感兴趣，这类买家具有很强的购买欲望，但是出于对价格、质量等方面因素的考虑迟迟没有下单。针对这类买家，淘宝卖家可通过阿里旺旺与其交流和沟通，循循善诱，消除买家心中的顾虑，促成下单。

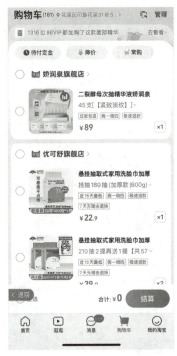

图 4-4 购物车界面截图

（五）已买到的宝贝

已买到的宝贝是指淘宝买家在某个淘宝网店已经购买到的宝贝。淘宝买家可以直接通过"已买到的宝贝"对网店进行访问，同时，也可以单击阿里旺旺小标，和卖家进行旺旺交流。

某淘宝网店对网店最近一个月的不同访问方式的成交转化率进行了统计，其中，淘宝买家通过"已买到的宝贝"这种方式访问的成交转化率最高。可见，对该淘宝网店而言，这类访问流量在自主访问流量中属于最优质的流量。如果买家直接通过"已买到的宝贝"对网店进行访问，说明这类淘宝买家的购物目标明确，会有针对性地购物；且这类买家是网店的回头客，对网店的宝贝质量、服务态度和物流等各方面都很满意，希望直接在网店再消费。

那么，淘宝卖家该怎么维护和提高这类优质的流量呢？首先，淘宝卖家必须跟进售后服务。宝贝的质量再好，如果卖家的后续服务不到位，在买家消费之后没有及时解决售后问题，就会减少买家在网店重复购买的次数。其次，淘宝卖家应该更加严格地把控宝贝质量，只有售后服务，没有优良的质量也是不行的。服务和质量相辅相成，二者缺一不可。

综上所述，自主访问网店的买家一般都是对某宝贝具有较高的兴趣和购买欲望的买家，可能是老客户，这类买家在通常情况下具有较明确的购买需求，成交转化率相对较高。自主访问流量是所有流量中最优质的流量，淘宝卖家如果能充分利用这部分流量，可以提高网店的人气和流量，增加网店的访问深度及成交转化率。

二、付费流量

相对而言，付费流量是四种流量中最容易获取的。付费流量的最大特点是精准度高、流量大。付费流量意味着成本的投入，如果一个淘宝网店的付费流量占据全部流量的70%

以上，网店的利润就会降低，严重的时候甚至会亏本。但是一个淘宝网店完全没有付费流量却又是不合理的，付费流量最重要的一个特点是精准度高，精准度直接影响着宝贝的成交转化率，而成交转化率也是影响搜索权重的重要因素之一。

因此，付费流量是淘宝网店流量中不可缺少的部分。最受欢迎、使用频率最高的付费流量的主要获取方式是淘宝客、直通车和钻石展位。

（一）淘宝客

淘宝客，简称 CPS，属于效果类广告推广方式。淘宝客是按照实际的交易完成量（买家确认收货后）作为计费依据的，没有成交量就没有佣金。

淘宝客推广流程主要由淘宝联盟、卖家、淘宝客和买家 4 种不同的角色组成。其中每种角色都是淘宝客推广不可缺失的一个环节。

淘宝联盟是淘宝官方的专业推广平台之一。淘宝卖家可以在淘宝联盟招募淘宝客来推广网店和网店的宝贝；淘宝客可利用淘宝联盟找到需要推广的卖家。

（二）直通车

直通车是阿里妈妈旗下的一款精准营销产品，用以实现宝贝的精准推广。直通车是以"文字+图片"的形式出现在搜索结果页面的，直通车在淘宝网上的出现位置是搜索结果页面的右侧，共有 12 个单品广告展位，PC 搜索结果页带"掌柜热卖"标识，无线端带"广告"标的即为直通车的展现位置。

PC 端：关键词搜索结果页左侧 1~3 个、右侧 16 个、底部 5 个带有"掌柜热卖"标识的推广位置，如图 4-5 所示；直通车也会出现在搜索结果页面的最下端，如图 4-6 所示。

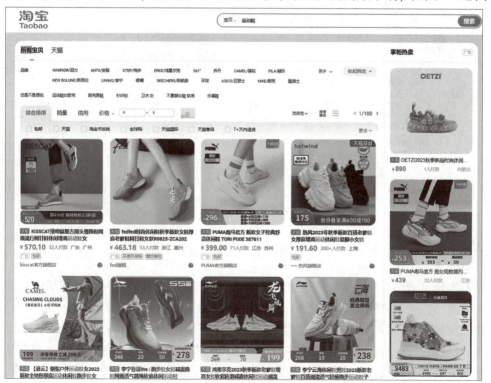

图 4-5　搜索页面右侧的展位

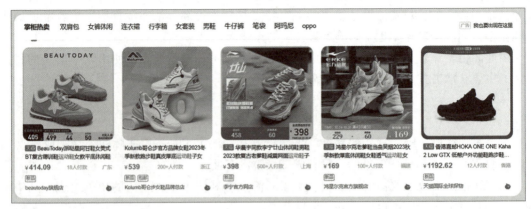

图 4-6 面最下端的展位

移动端：手淘搜索结果页每隔 5 或 10 个宝贝有 1 个带"HOT"标的展示位。其中的"1"就表示的是直通车的展示位置，排列规律为 1+5+1+5+1+10+1+10+1+……如图 4-7 所示。

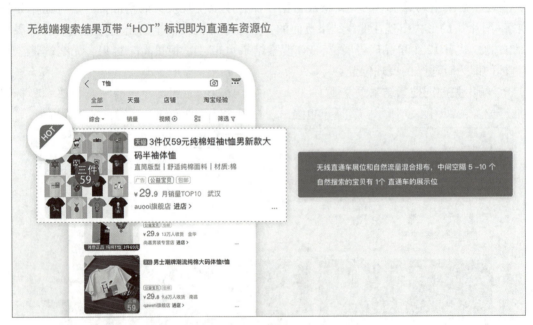

图 4-7 移动端直通车展位

（三）钻石展位

钻石展位是专门为淘宝卖家提供的图片类广告竞价投放的平台，也是阿里妈妈旗下的营销工具之一，主要依靠图片的创意吸引买家的兴趣，以获取巨大的流量。钻石展位是根据流量竞价销售的广告展位，计费单位为每千次浏览单价（Cost Per Thousand，CPM），按照竞价的从高到低依次投放。淘宝卖家可以根据地域、访客和兴趣点 3 个维度设置定向的广告投放。同时，钻石展位还为淘宝卖家提供数据分析报表和优化指导，显示位置如图 4-8、图 4-9 所示。

项目四　网店推广

图 4-8　PC 端首页钻石展位

图 4-9　移动端首页钻石展位

任务二　店内推广

网店推广是指通过一定的媒介有计划地进行网店传播的活动，简单来说就是要让更多的买家"知道我们"。网店推广首先应该让店铺拥有更多的流量,然后是提高网店转化率。一般来说,网店推广分为店内推广、站内推广、站外推广等。店内推广、站外推广主要是引流问题,站内推广主要是提高转化率的问题。

店内推广主要用于提升网店订单转化率、网店销量、客单价和网店复购率等。

一、店铺营销工具

店内活动就是以品牌推广、新品预售、清仓处理、积累买家为目的,以节日、事件为载体,通过限时打折、积分、满就送、赠送优惠券、包邮等手段有计划实施的一系列促销活动。店内活动通过营销工具来实现,常用的营销工具如下:

(1)官方营销工具。淘宝网的卖家中心提供了一些营销工具,如优惠券、单品宝、店铺宝、搭配宝、裂变优惠券、新客优惠券等。

(2)服务市场提供的营销工具。进入淘宝网服务市场,依次单击"店铺管理/营销推广"→"促销工具"按钮,从出现的页面中可以选择适当的促销工具进行店内营销,如促销专家、全民促销、冰点营销、美折促销、火牛、宝贝团、百宝箱、掌柜帮、欢乐逛等。

在服务市场搜索栏中输入"促销工具"。在这些促销工具的使用上,B店和C店是有明显差别的,一般淘宝网官方提供给B店卖家的促销工具是免费的,而提供给C店卖家的大部分工具是收费的,购买之前可以选择试用版进行体验。

登录淘宝网网店千牛卖家中心后台,依次单击"千牛卖家中心"→"营销中心"→"店铺营销工具"按钮,选择单品宝、优惠券、店铺宝、搭配宝、淘金币等,即可创建商品的各种促销活动。营销工具如图4-10所示。

图4-10 营销工具

二、优惠券

优惠券是一种可通过多种渠道推广的电子券,通过设置优惠金额和使用门槛,刺激转化提高客单。优惠券可降低产品的价格,是一种常见的针对消费者的营业推广工具。商家让利给消费者,刺激消费者在浏览过程中的下单,帮助商家提高消费者的下单率,从而提升店铺的 GMV(商品交易总额)。同时也要知道平台"平行满减规则",避免让利过度给店铺带来经济损失。

(1)优惠券基础类型为店铺优惠券和商品优惠券。

(2)优惠券前台展现形式,如图 4-11 所示。

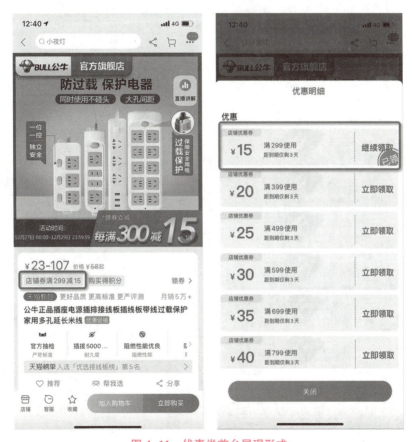

图 4-11 优惠券前台展现形式

(3)创建优惠券。登录千牛卖家中心依次单击"营销"→"营销管理"→"营销工具"→"优惠券"按钮,如图 4-12 所示,店主可以选择单击"新建店铺券"或"商品满减券"按钮创建优惠券,"新建店铺券"用于提升 GMV,全店商品通用,公私域全链路透出,促成交;"商品满减券"用于提升客单价,按需圈选适用商品,打造爆款单品。

创建"新建店铺券"和"商品满减券"可参照图 4-13、图 4-14 依次填写相应内容,最后单击"提交风险校验"按钮,无误后即创建成功。注:店铺优惠券指全店铺全商品通用优惠券。

图 4-12 优惠券页面

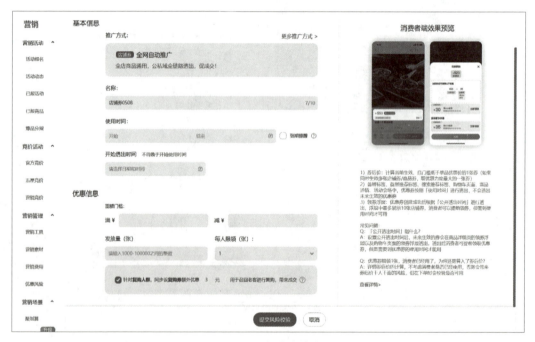

图 4-13 新建店铺券

已经创建好的优惠券可以通过"管理优惠券"查看优惠券数据,如"领取张数""使用张数""支付金额""支付买家数",如图 4-15 所示。

(4)裂变优惠券。裂变优惠券是以优惠券工具为基础,通过增加分享优惠券、邀请朋友领取优惠券的玩法,帮助商家实现老客带新客、新客裂变的方式,以极低的拉新成本获得更多店铺流量的承接、裂变和转化。裂变优惠券的理念如图 4-16 所示。

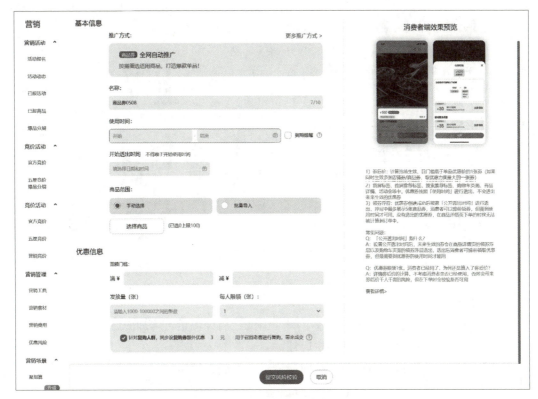

图 4-14　商品满减券

图 4-15　优惠券数据页面

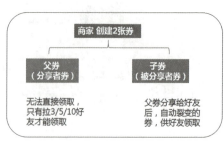
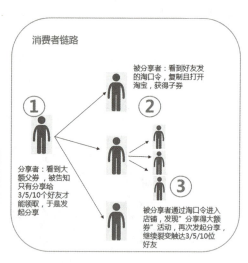

图 4-16 裂变优惠券的理念

① 适用场景。

急需流量：一些小店，公域流量少，裂变引流让店铺流量可增加 20 倍。

沉淀粉丝：可使用裂变券引导关注店铺。

直播间引流：分享直播间，分享拉回流量全部回到直播间。

上新推款：商家仅针对部分上新商品玩裂变券，打造爆款。

清仓甩卖：商家仅针对部分清仓商品玩裂变券。

② 消费者前台展示场景。

a. 消费者链路之"场景曝光"，如图 4-17~图 4-21 所示。

图 4-17 店铺首页

图 4-18 店铺详情页

图 4-19 直播间

项目四　网店推广

图 4-20　客服首问

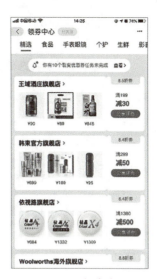

图 4-21　领券中心

b. 消费者链路之"分享链路",如图 4-22~图 4-24 所示。

图 4-22　分享步骤一　　　图 4-23　分享步骤二　　　图 4-24　分享步骤三

c. 消费者链路之"被邀请者回流",如图 4-25~图 4-27 所示。

图 4-25　回流步骤一　　　图 4-26　回流步骤二　　　图 4-27　回流步骤三

d. 查看分享进度，如图 4-28 所示。

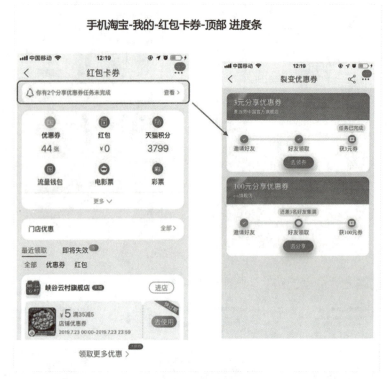

图 4-28　查看分享进度

③ 适用范围。

店铺券：分享范围和使用范围会更广。

商品优惠券：针对部分商品可用的裂变券，建议店铺爆款使用。

④ 创建裂变券。

依次单击"卖家中心"→"营销中心"→"店铺营销工具"→"裂变优惠券"按钮。

"基本信息"栏目下，"通用渠道的券店铺置顶展示"选"是"，则创建完通用渠道裂变券，然后裂变券模块会自动透出到店铺首页（老版本旺铺）；勾选"否"，则不展示。由于店铺首页会贡献裂变券 90%的效果，建议大家选"是"，如图 4-29 所示。

图 4-29　"通用渠道的券店铺置顶展示"选"是"

a. 推广渠道。

"通用"，是大部分商家的选择。设置后可在商品详情页、直播间自动透出，店铺装修置顶。拉回的流量回到店铺首页。

"自主推广"，设置后只能提取裂变券链接投放，否则不会自动透出。拉回的流量回到店铺首页。

"商家群"，用于淘宝群群内裂变的玩法。拉回的流量回到店铺首页。

"领券中心"，设置后会自动捞取到领券中心频道，拉回的流量回到领券中心。

b. 分享者优惠券设置，界面如图4-30所示。

券类型：店铺券、商品券。天猫：店铺券不计入最低价，商品券计入。淘宝端：都不计入最低价。

使用时间：该裂变券的使用时间。

开始透出时间：该裂变券在商家店铺内的开始透出时间设置后，仅在该时间点开始在店铺首页、详情页、直播间进行透出。

优惠金额：父券力度，建议高出同时期店铺券力度50%及以上，或保证20元权益差。门槛可比同时期店铺券门槛高。（大促时，裂变券客单价是大盘的3倍）。父券、子券力度都必须高出同时期店铺券。

使用门槛：指该裂变券父券的使用门槛。

分享人数：如果你家分享率低于30%以下，建议设置2人券，保证分享率。

如果系统提示总金额10万元限制，则把无门槛券改成有门槛券即可。

注：利益驱动用户分享给店铺带来回流，必须要保证用户分享的回报，故裂变券父券创建必须满足一定的门槛。

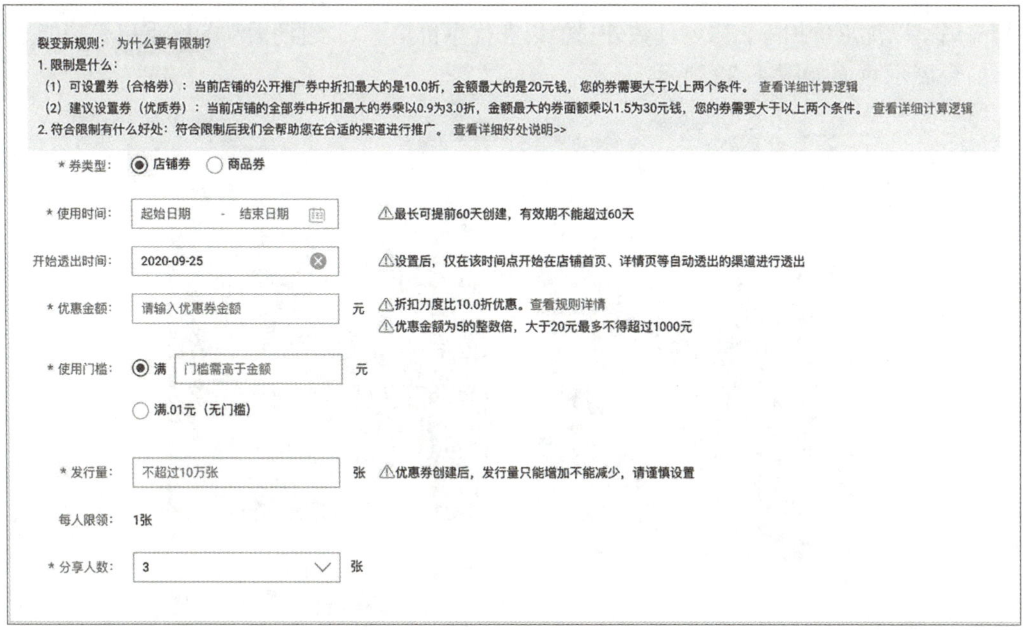

图4-30 分享者优惠券设置界面

c. 被分享者优惠券设置，界面如图4-31所示。

券类型：店铺券、商品券，根据需求设置。

优惠金额：子券面额。具体设置方法，参考父券设券力度制定。

使用门槛：子券使用门槛。

发行量：为保证活动有效进行，充分让父券发完活动才有效结束。系统会自动计算子券最低库存。

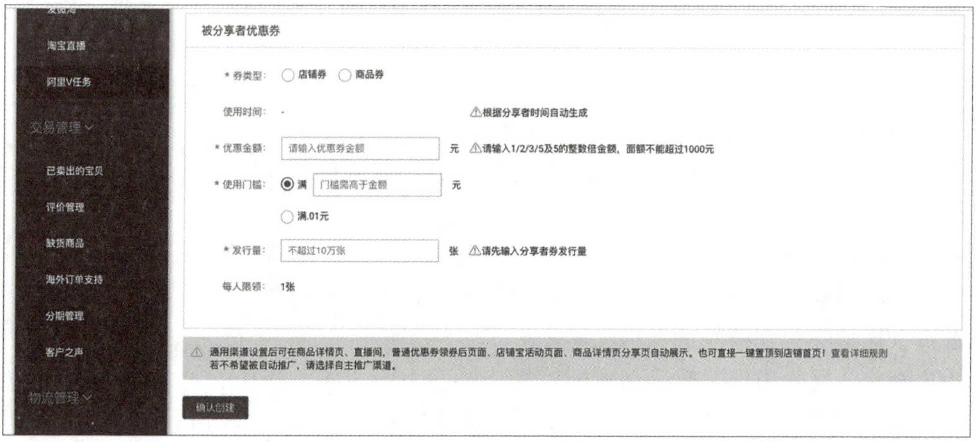

图 4-31 被分享者优惠券设置界面

三、单品宝

单品宝是原限时打折的升级工具。最基础的促销玩法，直接表现在划线价上。可支持 SKU（stock keeping unit）级打折、减现、促销价，可设置定向人群，可设置单品限购（限购件数内买家以优惠价拍下，限购件数外只能以非优惠价拍下）、过期活动一键重启等功能。

前台展示页面如图 4-32 所示。

图 4-32 单品宝前台展示页面

(1)创建单品宝。进入"卖家中心"→"营销"→"营销工具"→"单品宝",如图4-33所示,单击"立即创建"按钮,如图4-34所示,活动级别分为"商品级"和"SKU级",商品级是指商品以SKU设置相同优惠(折扣/减钱/促销价),SKU级是指商品不同SKU设置不同优惠(折扣/减钱/促销价)。

图4-33 创建单品宝

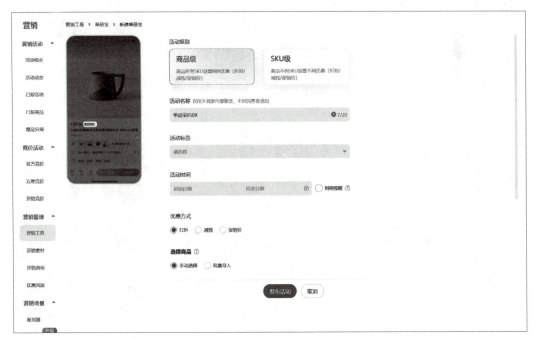

图4-34 设置优惠

你可选择创建"商品级"或者"SKU级"进行创建。

① 若选择创建"商品级":

a. 填写活动基本信息可选择的优惠方式有限时打折、减现和促销价,如图4-35所示,选择商品可以"手动选择"也可以"批量导入",如图4-36所示。

图4-35 填写活动基本信息

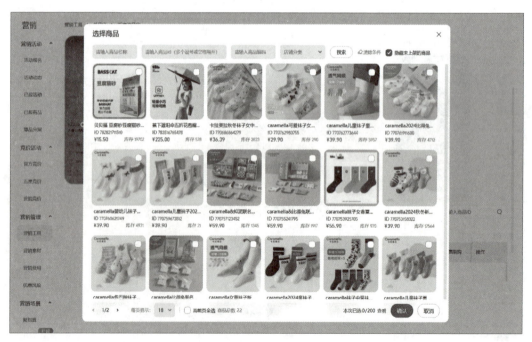

图4-36 选择参加活动的商品

b. 商品选择好以后进行"打折""单品优惠价""每人优惠限购"的设置,如图4-37所示,确定无误后单击"发布活动"按钮。

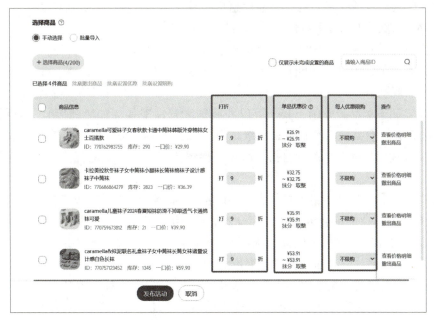

图 4-37 选择优惠方式

② 若选择创建"SKU 级":

a. 填写活动基本信息、可选择的优惠方式与商品级一样,选择商品可以"手动选择"也可以"批量导入"。

b. 商品选择好以后进行 SKU 单品优惠价的"设置优惠"设置,确定无误后单击"发布活动"按钮。

设置完成的单品宝活动可以通过商品列表和活动列表看到已经创建好的活动,并进行管理,如图 4-38 所示。

图 4-38 商品列表

(2) 推广展示。成功设置的单品宝优惠折扣默认会展示在以下页面：

a. 在 PC 端和无线端搜索页均会显示商品的折后价格；

b. 在宝贝详情页单品宝的活动名称会显示在价格区域旁边；

c. 在买家下单订单页的优惠方式中，也会显示折扣信息。

(3) 叠加规则。

① 单品宝属于单品级营销工具，可以和店铺级营销工具（如店铺宝）、店铺级中的卡券（店铺优惠券，商品优惠券）及跨店级优惠（如品类券，跨店满减）叠加使用。

② 单品级优惠是针对单品的打折、减价、促销价等打折方式的优惠。以下场景都是属于单品级优惠：

a. 营销价（店内自己设置工具优惠）：单品宝、搭配宝、ISV 打折工具（欢乐逛、美折等）、购物车营销价、店铺会员 VIP 价等设置的单品级价格。

b. 官方活动价（官方活动生效的优惠）：大促活动价（含官方"前 N 优惠"）、聚划算/淘抢购/百亿补贴、限时活动价、预售价 & 预售立减价。

若商品存在上述两个场景里多个单品级优惠时，系统默认只生效其中一个让利最大的单品级优惠，同时存在官方活动价时，优先生效官方活动价格，单品宝不生效。

举例：

单品宝+搭配宝＝冲突，生效其中一个让利大的优惠；

单品宝+聚划算价格＝聚划算价格（优先生效官方价）。

(4) 数据查看。

依次单击"卖家中心"→"营销中心"→"店铺营销工具"→"单品宝"→"数据效果"按钮进入页面进行查看，如图 4-39 所示。

图 4-39　查看活动效果

(5) 活动删除/编辑。

进入"卖家中心"→"营销中心"→"店铺营销工具"→"单品宝"→"活动管理"页面，选择活动状态下拉列表，找到对应活动操作删除，如图 4-40 所示。

也可根据需要进行活动修改、优惠设置及商家商品的操作，如图 4-41 所示。单品宝设置后无法修改优惠级别和优惠方式，但可以修改活动时间和添加商品。

针对已结束状态的活动，可选择一键重启，重新设置活动时间。如图 4-42 所示。

活动商品管理。可针对活动中和未开始的宝贝，进行优惠信息编辑和撤出活动操作，如图 4-43 所示。

图 4-40　删除活动

图 4-41　添加商品

图 4-42　重新设置活动时间

图 4-43　活动商品管理

店铺宝即原"满就减（送）"以满元满件为门槛，是提客单价和客件数的利器，为网店级优惠工具，可对满件打折、满元减钱、多件多折进行促销活动，可对全店商品及自选商品进行促销活动，提供多层级的优惠级别、优惠内容，可随时暂停活动。

(1)创建店铺宝。

① 进入"卖家中心"→"营销"→"营销工具"→"店铺宝",单击"立即创建"按钮,如图4-44和图4-45所示。

图4-44 创建店铺宝

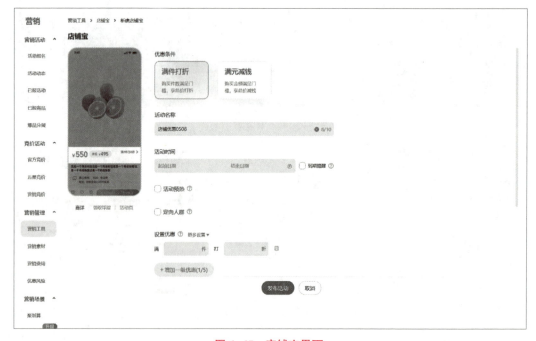

图4-45 店铺宝界面

② 选择优惠条件:"满件打折"或者"满元减钱","满件打折"及购买件数满足门槛,可享总价打折;"满元减钱"及购买金额满足门槛,可享总价减钱。

③ 选择满件打折为例，设置满 2 件打 9 折，如果需要增加一级优惠，可以点击"增加一级优惠"，如满 3 件打 8 折，优惠级数最多可以添加 5 个，如图 4-46 所示。

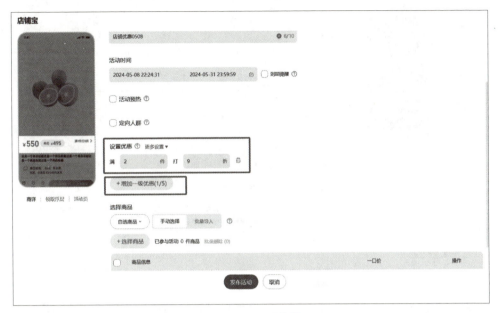

图 4-46　设置优惠

④ 设置好优惠条件后，选择参加活动的商品，单击"选择商品"按钮进行选择，勾选好商品，单击"确认"按钮，如图 4-47 所示。确认无误单击"发布活动"按钮，如图 4-48 所示。

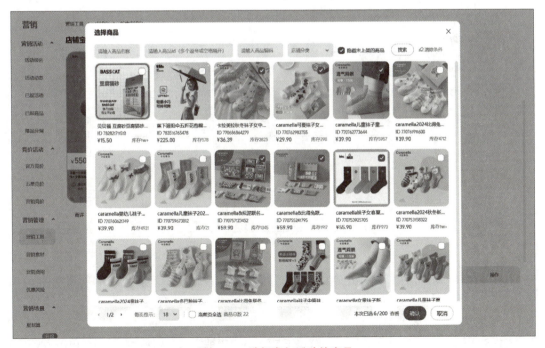

图 4-47　选择参加活动的商品

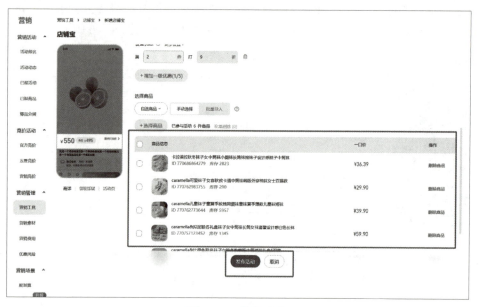

图 4-48　发布活动

⑤ 活动创建完毕后，可以返回活动列表查看已设置好的活动，也可对活动进行修改活动、编辑商品、删除活动、暂停活动等设置，如图 4-49 所示。

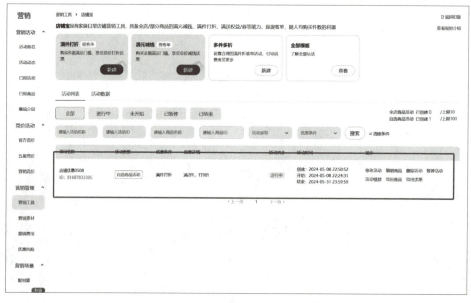

图 4-49　活动列表

⑥ 设置好活动之后即可在 PC 端和无线端展示活动让顾客看到，无线端展示如图 4-50 所示。

（2）取消、更改店铺宝活动。

进入"卖家中心"→"营销"→"营销工具"→"店铺宝"，选择对应的活动单击"修改活动""设置优惠""编辑商品""暂停活动"等相应操作按钮，若需要取消活动则单击"暂停"或者"删除"按钮，暂停后可通过重启再次启用，删除后记录同步删除，如图 4-51 所示。

图 4-50　无线端展示活动

图 4-51　取消、更改店铺宝活动

温馨提醒

若页面只有查看活动的按钮（如图 4-52 所示），是由于这是店铺报名的官方活动（如 2 件 75 折）在店铺宝中的显示，是通过"商家中心"→"官方活动报名"设置的店铺宝活动，所以无法操作修改、取消、删除。

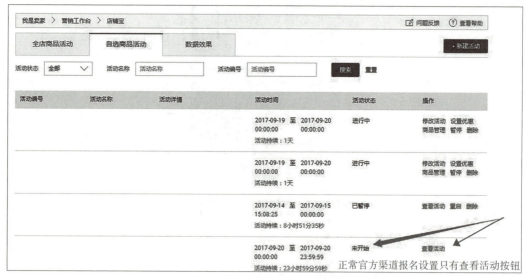

图 4-52 在"官方活动报名"设置的活动只能查看

五、搭配宝

搭配宝即原"搭配套餐",为商品关联搭配工具。搭配宝加入了智能算法,用以推荐适合的搭配商品,提升客单价和转化率,如图 4-53 所示。

图 4-53 搭配宝前台展示页面

（1）创建搭配宝套餐，如图 4-54 所示。

图 4-54　创建套餐

① 设置套餐名称。套餐名称限 10 个字内，套餐介绍限 50 个字内，活动时间最长可设置 180 天，如图 4-55 所示。

图 4-55　设置套餐名称

② 设置套餐图。可选择根据主图规范自定义设计上传，也可选择通过系统智能合图（该功能已开放给全网卖家使用），如图 4-56 所示。

图 4-56 设置套餐图

套餐图规范：

请确保为白底图并重点突出主商品，勿在图片上添加价格及促销文案；

部分行业提供模板参考，其他行业可根据实际情况微调，若不符合图片规范，套餐将不会在主搜上透出。

③ 设置优惠，即设置套餐内商品的搭配价、搭配数量（即套餐内该商品可固定购买件数），如图 4-57 所示。

④ 优惠设置完毕后，即可投放，如图 4-58 所示。

当前功能，该套餐仅在无线端展示，设置完毕后可通过"点此查看"和扫二维码分别在无线和 PC 端进行预览。

套餐入口：

宝贝详情页：套餐内商品的商品详情页中，搭配套餐模块。

套餐详情页：推荐搭配套餐模块。

图 4-57 设置优惠

图 4-58 完成设置并投放

主搜：主搜商品搜索结果页。

（2）搭配宝套餐管理及套餐商品管理。

套餐管理：支持根据套餐类型、状态名称、ID进行活动筛选。套餐管理界面如图4-59所示。

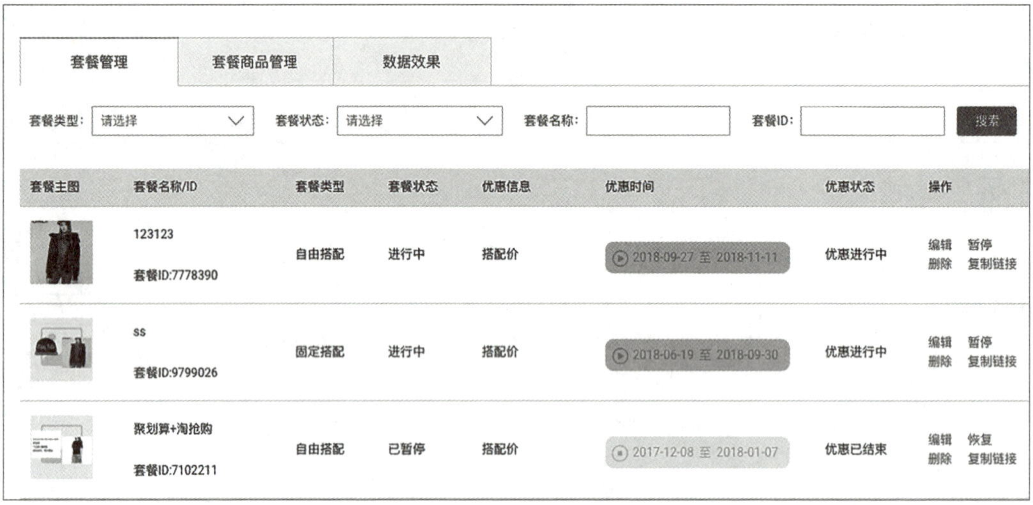

图4-59 套餐管理界面

套餐商品管理：支持商品维度的套餐活动查询，可以进行编辑、撤出套餐等操作。套餐商品管理界面如图4-60所示。

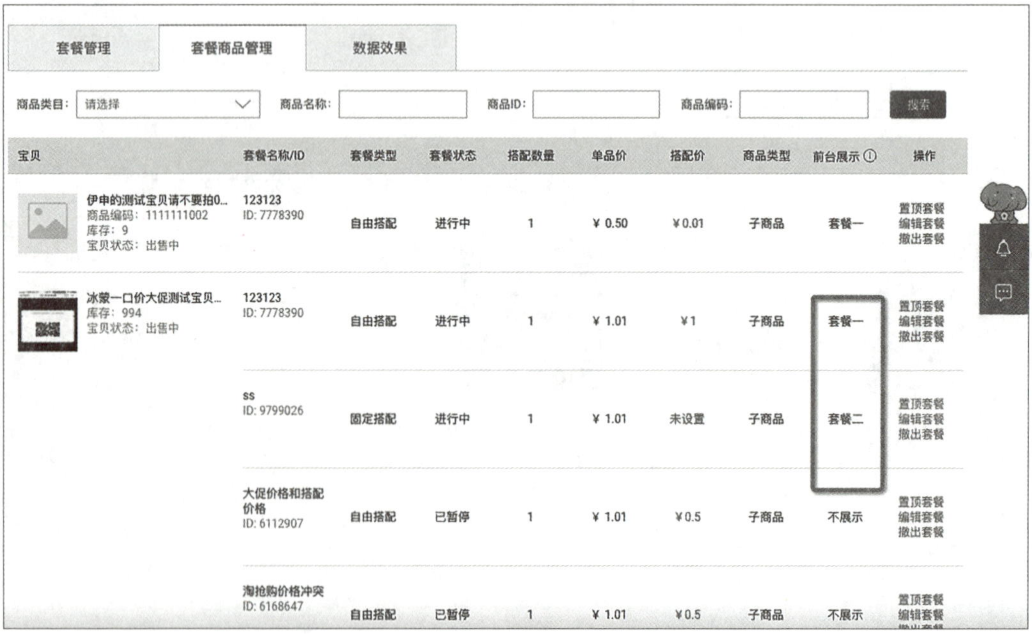

图4-60 套餐商品管理界面

可在套餐商品管理列表中选择在该商品详情页下方，固定展示哪3个套餐，不受系统排序影响。

若未做设置，按照以下默认逻辑展示：优先展示该商品为主商品的套餐；若非主商品，则展示搭配商品关联套餐；若都为主商品，或都为搭配商品，按照套餐编辑时间展示，最新编辑的在前。

参考样式如图4-61所示。（最多展示3个套餐，支持横向滑动查看）

图4-61 套餐商品展示界面参考样式

任务三 站内推广

站内推广是指通过淘宝平台获取平台带来的流量。站内推广获取的流量对于一个淘宝网店的流量构成也是相当重要的。淘宝网每天有几千万甚至过亿的流量，这些流量分为免费流量和付费流量。新手淘宝卖家可以先从站内的免费流量渠道获取流量，目前，在淘宝网最常用的营销推广方式有直通车、引力魔方、万相台极速版、超级直播，如图4-62所示。

图4-62 淘宝网常用的营销推广方式

一、直通车

（1）直通车的概念。直通车是按点击付费的营销推广工具，能够将宝贝精准地展现给有需求的消费者，从而为商家带来精准流量。投放直通车能为商家带来两种收益，一种是直接转化助力宝贝成交,一种是长期种草价值。直通车界面如图4-63所示。

图 4-63　直通车界面

(2) 直通车推广位置。PC 搜索结果页带"掌柜热卖"标识,无线端带"HOT"标识的即为直通车的推广位置。

PC 端:关键词搜索结果页左侧 1~3 个、右侧 16 个、底部 5 个带有"掌柜热卖"标识的推广位置,如图 4-64 所示。

图 4-64　PC 端直通车的推广位置

移动端：手淘搜索结果页每隔 5 或 10 个宝贝有 1 个带 "HOT" 标识的推广位置，其分布规律为 1+5+1+5+1+10+1+10+1+……其中的 "1" 就表示的是直通车的推广位置，如图 4-65 所示。

图 4-65　移动端直通车推广位置

（3）直通车的展现逻辑及扣费原理。

展现逻辑：直通车是根据关键词质量分和出价获取的综合得分确定宝贝的排名。

$$综合得分 = 出价 \times 质量分$$

扣费原理：直通车按点击扣费，扣费金额不高于店商的最终出价。

$$单次点击扣费 = (下一名出价 \times 下一名质量得分)/店商的质量分 + 0.01（元）$$

质量分是衡量关键词与推广宝贝和淘宝用户搜索意向三者之间相关性的综合指标，为 1~10 分制，影响质量分的因素包含创意质量、相关性及买家体验三方面。影响质量分布的因素如图 4-66 所示。

（4）为什么要使用直通车。因为直通车具有流量精准、展现免费、点击收费的优势。

全球最大的购物搜索引擎：每天超过 3 亿买家使用，有巨大的展现量，给商家充分的曝光及成交机会。

精准流量：直通车推广通过关键词锁定有相关购物需求的买家，并通过人群、时间、地域使投放更精准，从而获取优质流量。

推广费用可控：直通车推广按点击收费，且可以设置相应的计划日限额，让商家的推广费用精准可控。

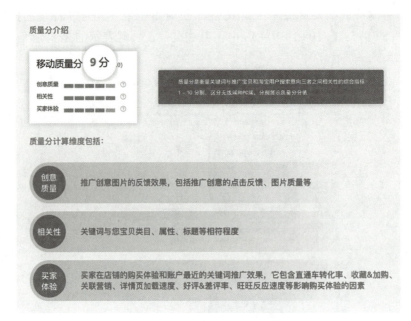

图4-66　影响质量分的因素

二、引力魔方

(一) 引力魔方的概念

引力魔方覆盖淘宝首页"猜你喜欢"信息流、淘宝焦点图等各类优质精准流量的推广产品。消费者从入淘浏览、点击收藏、加购到订单成交，引力魔方流量资源场景均有覆盖，全量解决了商家生意投放的流量瓶颈。引力魔方界面如图4-67所示。

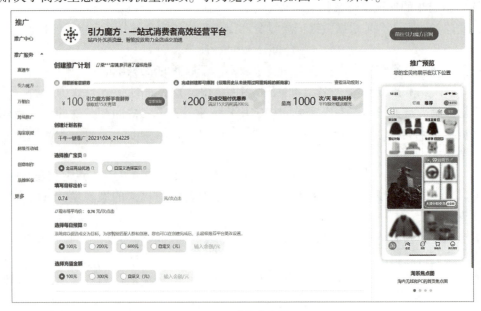

图4-67　引力魔方界面

引力魔方拥有更畅快的人群组合投放能力：搭载全新"人群方舟"的人群运营计划，引力魔方可以帮助店家自由投放各类定向组合人群，如相似宝贝人群、相似店铺人群、行业特色人群、跨类目拉新人群等。在目标人群中，引力魔方总能帮助店家找到成本低、效率高的那部分流量，让淘内的人群流量运营简单、高效、透明。

全淘最低的人群流转成本：从一个潜客变为一个店铺新客，产生进店、收藏加购和首次购买，这样的流转成本，引力魔方可以做到全淘宝最低。

原生的信息流模式是唤醒消费者需求的重要入口，全面覆盖了消费者购前、购中、购后的消费全链路；焦点图锁定了用户入淘第一视觉，覆盖了淘系全域人群。通过两者的有机结合，同时基于阿里巴巴大数据和智能推荐算法，帮助店家识别潜在目标消费者，激发消费兴趣，高效拉新，强效促转化，完成营销闭环，助力提升店铺整体流量，促进店铺生意增长。引力魔方推广预览界面如图4-68所示。

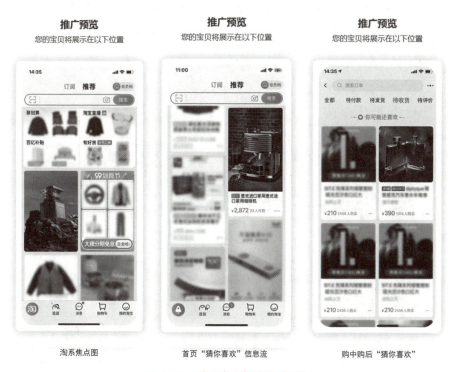

图 4-68　引力魔方推广预览界面

（二）引力魔方的特点

（1）资源更丰富。覆盖超过7亿用户，囊括淘系核心渠道：手淘首页焦点图、手淘"猜你喜欢"（首页、购物车、支付成功）、高德、优酷、支付宝等淘内外核心资源，规模空前，助店家引爆店铺流量。

（2）人群更精准。重磅推出"目标人群拓展"能力，将基于店家选定的人群特征，从广阔的流量海洋中定位高价值、高意向人群，极大地拓展投放规模，助力生意持续增长。

（3）出价更智能。阿里大数据+业界领先的深度学习技术，在给定的出价成本及预算下，从PV颗粒度帮店家精准筛选出潜在消费者，实现营销目标最大化。

（4）创意更省心。引入创意组件和智能化创意，在有效降低店家投放成本的同时，通过智能算法,帮助店家实现创意的千人千面,与消费者建立有效沟通,吸引更多目标用户。

(5)管理更自由。新版后台中打造创意库能力,实现创意可管理、可沉淀、可复用;自定义报表能力,打破报表常规,由店家自由组合,打造最贴合店家需求的报表;同时推出多个产品工具,帮助店家提升投放效率。

(6)个性化后台。首次推出个性化后台,将根据客户所在的不同阶段匹配不同的产品能力,帮助店家有效提升投放效率与操作体验。

三、万相台

(一)万相台的概念

万相台是付费推广工具,从商家营销诉求出发,围绕着消费者、货品、活动场、内容场整合阿里妈妈搜索、推荐等资源位,算法智能跨渠道分配预算,实现人群在不同渠道流转承接,从提高广告效果与降低操作成本两方面回归用户最本质的投放需求。万相台推广界面如图4-69所示。

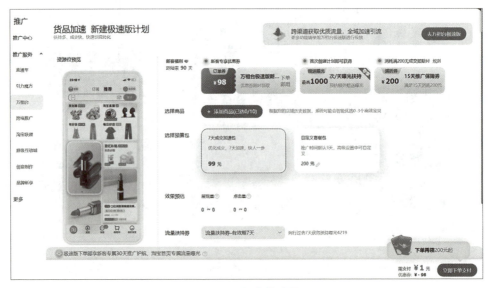

图4-69 万相台推广界面

(二)万相台的资源位

万相台主要覆盖淘内搜索、焦点图以及其他页面中各类"猜你喜欢"和"商品推荐"等信息流资源位。若不选择智能打底创意投放时,建议上传至少两种尺寸的图文或视频创意,获得更多资源位曝光机会,其中,1∶1尺寸图片、视频可以涵盖搜索结果页、各渠道"猜你喜欢"等资源位,2∶3、17∶25尺寸的图片、视频可以涵盖焦点图、各渠道"猜你喜欢"等资源位。

万相台的资源位在新建计划页都可以看到,具体以页面显示为准。万相台属智能投放,系统会根据各渠道创意投放效果动态进行调整,且不支持指定资源位投放,故建议商家不用过多在意投放的渠道。

(三) 万相台扣费逻辑

万相台是算法自动出价的智能投放产品,算法会根据当前的竞价激烈程度,根据商家的选品、商家设置的套餐包金额(套餐包计划是先付款,之后消耗从订单金额里扣除)、核心优化目标、投放模式、创意设置等参数,进行实时竞价,跨渠道智能分配预算,实时优化,若竞争到资源位有展现或者点击,即实时扣费,具体扣费以最终推广为准,账户100元起充。

根据投放资源位,是有展现扣费,也有点击扣费的,万相台以CPC(点击)扣费为基础,仅在涉及极小部分内投展示渠道或外部媒体资源的扣费使用CPM(千人成本)方式。

万相台具备曝光和点击去重的规则,在一段时间内不会重复计算曝光和点击。

万相台非全渠道计费方式。万相台跨渠道投放,但不意味着将其他平台的投放数据重复计算。如客户在引力魔方投放的数据与在万相台投放的数据,分别计算和扣费,不会重复。

四、淘宝客推广

(一) 淘宝联盟

淘宝联盟(alimama,即阿里妈妈)隶属于阿里巴巴集团,通过搜索营销、展示营销、佣金推广及实时竞价等模式,依托大数据实现精准投放和优化方案,帮助淘宝网卖家实现高效率的网络推广。同时,淘宝联盟也为合作伙伴提供多元化的赢利模式。例如,淘宝联盟首次引入了"广告是商品"的概念,让广告第一次作为商品呈现在交易市场中。淘宝联盟还可以使买家(广告主)和卖家(网站主)轻松找到对方。

(二) 淘宝客推广

淘宝客推广是按成交付费的站外引流营销产品(CPS),商家可自主设置佣金比率,由淘宝客(个人或网站主)将商品投放到网站、App、微博、微信、QQ群等站外渠道进行推广。只有买家通过推广链接购买并交易成功(确认收货),才会从商家店铺绑定的支付宝中扣除佣金费用。

$$商家支付佣金 = 商品实际成交价格(不含运费) \times 商品佣金比率$$

(三) 淘宝客推广原理

(1) 由谁来推广。角色:商家(卖家)、淘宝客(推广者)、淘宝联盟(平台)。
① 商家根据营销需求,在商家后台设置推广佣金。
② 淘宝客获取推广链接在站外多渠道进行推广。
③ 商家按照实际成交金额支付淘客佣金费用。
淘宝客的推广原理如图4-70所示。
(2) 推广渠道。淘宝客主要是在站外(即淘宝网以外的地方)进行推广,在各类消费者私域场景进行深度触达。

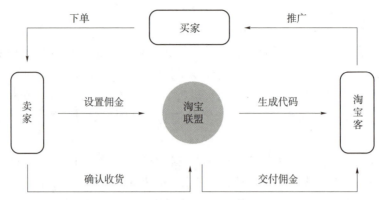

图 4-70　淘宝客的推广原理

常用的推广渠道有：导购媒体渠道（美柚、什么值得买等）、社交（如 QQ、微信等）、大媒体资源（如微博等）、内容渠道（达人推广等）、线下零售等。

（3）推广优势。

① 展示点击免费，成交后结算佣金，不成交不扣费，投资回报率更可控。

② 私域高转化，社群、达人等各类消费者私域场景深度触达，助力店铺新品、爆品爆发式销货。

③ 站外消费者全场景触达，覆盖导购媒体、社交、内容、线下零售等站外多场景，流量渠道更丰富。

五、淘金币

（一）淘金币的概念

淘金币是淘宝网的虚拟积分。买家可以在淘宝体系内赚取淘金币，然后在淘金币平台抽奖、兑换商品，并在购买商品时抵扣。买家对淘金币的热情给淘金币平台带来了巨大的流量，基于此，在卖家参加淘金币活动后，对其商品销售、网店品牌的提升都会产生长期的影响。淘金币作用如图 4-71 所示。

图 4-71　淘金币作用

淘金币对于卖家和买家都是双赢的工具，卖家可以通过开通淘金币抵扣赚金币，还可以通过花金币引流量促成交，提升转化，具体如图 4-72 所示。

图 4-72 淘金币提升卖家转化

（二）赚淘金币工具

"淘金币抵扣赚淘金币"工具，是指卖家开通工具后，买家可以"100 淘金币：1 元"的比例使用淘金币抵用商品金额。买家抵用的淘金币的 70% 划入卖家淘金币账户，30% 回收到淘金币官方账户。卖家开通"淘金币抵扣赚淘金币"工具后即时生效。

卖家开通"淘金币抵扣赚淘金币"工具时，可按 3%、5% 或 10% 的比例设置全店商品的淘金币抵扣比例。同时可对不同的商品设置不同的抵扣比例，最多可设置 10 个高于全店抵扣比例的商品。天猫可以全店设置 50 个不抵扣商品或更多，详情看设置后台展示。淘宝商家能开通 5 个不抵扣商品。

卖家开通"淘金币抵扣赚淘金币"工具后，可使用淘金币抵扣的商品将展示在手机淘宝搜索列表页的"淘金币抵钱"筛选项内。

卖家须符合表 4-1 所示条件，方可开通"淘金币抵扣赚淘金币"工具。

表 4-1 开通"淘金币抵扣赚淘金币"工具的条件

指标项	条件
卖家类型	淘宝网卖家
店铺信用等级	≥4 星
开店时长	≥90 天
近 90 天店铺支付宝成交金额	>0
本年度内严重违规行为累计扣分	<12 分
本年度内出售假冒商品违规行为扣分	<12 分

以下类目不支持开通"淘金币抵扣赚淘金币"工具：网络游戏点卡、网游装备/游戏币/账号/代练、腾讯 QQ 专区、移动/联通/电信充值中心、特价酒店/特色客栈/公寓旅馆。

（三）花淘金币工具

卖家可根据需要自由选择开通和关闭花淘金币工具。

"淘金币频道商品推广"工具。淘金币频道商品推广，是指卖家在淘金币频道内按商品被点击的次数支付淘金币给淘金币官方账户的方式进行商品推广。商品展示不收取淘金币，买家点击商品时收取淘金币。

卖家被推广的商品按对应类目的费率实时划扣金币。推荐区域指定类目按 72 金币/点击计费，其余类目按 45 金币/点击计费；搜索区域指定类目按 112 金币/点击计费，其余类目按 70 金币/点击计费。同一个 ID 在 24 小时内重复点击同一个商品不重复收取淘金币。

符合金币频道商品推广的资质门槛条件的卖家方可开通"淘金币频道商品推广"工具。当卖家淘金币账户内的淘金币总量少于 1 万个时，系统会暂停"淘金币频道商品推广"，当卖家淘金币账户内的淘金币总量达到 1 万个及以上时，系统重新启动"淘金币频道商品推广"。

卖家开通"淘金币频道商品推广"工具的商品将由系统会根据消费者的喜好以及消费者的购买偏好对消费者进行展示的方式在淘金币频道进行展示，开通"淘金币频道商品推广"工具并不表示商品一定会在淘金币频道展示。

卖家须同时符合《淘金币基础招商标准》的店铺报名基础要求及表 4-2 所示条件，方可开通"淘金币频道商品推广"工具。

表 4-2 开通"淘金币频道商品推广"工具的条件

指标项	条件
卖家类型	淘宝网卖家
店铺信用等级	≥3 钻
开店时长	≥90 天
近 30 天店铺支付宝成交笔数	≥10 笔
本年度内一般违规行为累计扣分	<12 分
本年度内严重违规行为扣分	<12 分
本年度内出售假冒商品违规行为扣分	≤0 分
DSR 三项评分（物流服务、描述相符、服务态度）	≥4.4 分

以下类目不支持开通"淘金币频道商品推广"工具：房产、保健品、农资花鸟、家庭保健、众筹、网游＆网服、企业服务、卡券票、教育、管控、闲置、生活服务、理财、航旅、话费。

（四）"店铺签到送淘金币"工具

"店铺签到送淘金币"是指卖家给予浏览店铺并签到的买家或者浏览店铺并有过购买记录的买家一定数量的淘金币奖励，以促进买家持续进店浏览，提升店铺用户黏性，提高二次购买率。开通"店铺签到送淘金币"工具的店铺会被展示在"淘金币频道→今日任务"子频道内。

卖家须符合表 4-3 所示条件，方可开通"店铺签到送淘金币"工具。

表 4-3 开通"店铺签到送淘金币"工具的条件

指标项	条件
卖家类型	淘宝网卖家
店铺信用等级	≥4 星
开店时长	≥90 天
近 90 天店铺支付宝成交金额	>0
本年度内严重违规行为累计扣分	<12 分
本年度内出售假冒商品违规行为扣分	<12 分

以下类目不支持开通"店铺签到送淘金币"工具：网络游戏点卡、网游装备/游戏币/账号/代练、腾讯 QQ 专区、移动/联通/电信充值中心、特价酒店/特色客栈/公寓旅馆。

卖家开通"店铺签到送淘金币"工具后，同 ID 在同店铺，每天可因"店铺签到送淘金币"领取一次淘金币，每次奖励 5 个淘金币。

卖家淘金币账户内的淘金币总量不低于 1 万个时，方可开通"店铺签到送淘金币"工具。当卖家淘金币账户内的淘金币总量少于 1 万个时，系统会暂停"店铺签到送淘金币"，当卖家淘金币账户内的淘金币总量达到 1 万个及以上时，系统重新启动"店铺签到送淘金币"。

（五）"关注/收藏店铺送淘金币"工具

"关注/收藏店铺送淘金币"工具是指卖家对关注/收藏店铺的买家给予一定数量的淘金币奖励，以提升店铺关注人气。

卖家须符合表 4-4 所示条件，方可开通"关注/收藏店铺送淘金币"工具。

表 4-4 开通"关注/收藏店铺送淘金币"工具的条件

指标项	条件
卖家类型	淘宝网卖家
店铺信用等级	≥4 星
开店时长	≥90 天
近 90 天店铺支付宝成交金额	>0
本年度内严重违规行为累计扣分	<12 分
本年度内出售假冒商品违规行为扣分	<12 分

以下类目不支持开通"关注/收藏店铺送淘金币"工具：网络游戏点卡、网游装备/游戏币/账号/代练、腾讯 QQ 专区、移动/联通/电信充值中心、特价酒店/特色客栈/公寓旅馆。

卖家开通"关注/收藏店铺送淘金币"工具时，可按5个、10个或30个设置买家关注/收藏店铺后赠送的淘金币数量。卖家淘金币账户内的淘金币总量不低于1万个时，方可开通"关注/收藏店铺送淘金币"工具。当卖家淘金币账户内的淘金币总量少于1万个时，系统会暂停"关注/收藏店铺送淘金币"，当卖家淘金币账户内的淘金币总量达到1万个及以上时，系统重新启动"关注/收藏店铺送淘金币"。

同ID在一个自然月内关注/收藏店铺只能获得一次淘金币，一个自然月内取消再关注/收藏店铺不会重复赠送淘金币。

(六)"浏览短视频送淘金币"工具

"浏览短视频送淘金币"工具是指卖家针对观看微淘短视频的买家，给予一定数量的淘金币奖励，以提升观看短视频时长，提高买家进店率。

卖家须符合表4-5所示条件，方可开通"浏览短视频送淘金币"工具。

表4-5 开通"浏览短视频送淘金币"工具的条件

指标项	条件
卖家类型	淘宝网卖家
店铺信用等级	≥3钻
开店时长	≥90天
近90天店铺支付宝成交金额	>0
本年度内严重违规累计扣分	<12分
本年度内出售假冒商品违规行为扣分	<12分

以下类目不支持开通"浏览短视频送淘金币"工具：网络游戏点卡、网游装备/游戏币/账号/代练、腾讯QQ专区、移动/联通/电信充值中心、特价酒店/特色客栈/公寓旅馆。

卖家开通"浏览短视频送淘金币"工具时，可根据选项，在买家浏览时长达到10秒时，赠送买家5个金币。卖家淘金币账户内的淘金币数量不低于3 000个时，方可开通"浏览短视频送淘金币"工具。当卖家淘金币账户内的淘金币总量少于3 000个时，系统会暂停"浏览短视频送淘金币"，当卖家淘金币账户内的淘金币总量达到3 000个及以上时，系统重新启动"浏览短视频送淘金币"。

同ID在一天内，观看同一个短视频只能获得一次淘金币，一天的获取上限为20个淘金币。

(七)"淘宝群任务送淘金币"工具

"淘宝群任务送淘金币"是指已开通淘金币打卡的卖家，可设置针对连续打卡的消费者给予额外的淘金币奖励。淘金币打卡，是由淘宝官方提供金币，发放给每日进群打卡的消费者。

卖家须符合表4-6所示条件，方可开通"淘宝群任务送淘金币"工具。

表 4-6 开通"淘宝群任务送淘金币"工具的条件

指标项	条件
卖家类型	要求您是群 L1~L4 等级的商家
开店时长	≥90 天
近 90 天店铺支付宝成交金额	>0
本年度内严重违规累计扣分	<12 分
本年度内出售假冒商品违规行为扣分	<12 分
要求开通淘金币全店抵扣	要求开通淘金币全店抵扣

卖家开通"淘宝群任务送淘金币"工具时，可根据选项对连续打卡 3 天或 7 天的用户，设置额外奖励 10 个或 20 个淘金币。卖家淘金币账户内的淘金币数量不低于 3 000 个时，方可开通"淘宝群任务送淘金币"工具。当卖家淘金币账户内的淘金币总量少于 3 000 个时，系统会暂停"淘宝群任务送淘金币"，当卖家淘金币账户内的淘金币总量达到 3 000 个及以上时，系统重新启动"淘宝群任务送淘金币"。

同 ID 在同店铺连续打卡 3 天或 7 天，通过"淘宝群任务送淘金币"可领取一次淘金币，每次可根据卖家设置的金币数量获取 10 个或 20 个淘金币。

六、淘宝活动

淘宝活动是卖家网店流量的重要来源之一，无论是收费还是免费，网店一旦参加，都将获得大量的流量。淘宝网的活动可分为平台活动、渠道活动和类目活动三种类型。

（一）平台活动

淘宝网（淘宝集市、天猫商城、聚划算及其无线端）最重要的有"两新一促一节"四大活动。"两新"指每年 4 月春夏服饰新品发布、8 月秋冬服饰新风尚，"一促"指每年 6 月年中大促，"一节"指"双 11"狂欢购物节。除了这些活动之外，还有一些大的活动，如淘宝周年庆、腊八年货节、新势力周、开学季、十月保暖季、99 大聚惠等。还有在传统节日，如元旦、春节、中秋节、国庆节等开展的促销活动。

（二）渠道活动

渠道活动主要有天天特价、淘金币、淘抢购、免费试用、清仓、周末淘宝、淘宝众筹、最淘宝、全民抢拍、每日首发、有好货、范儿、B 格、聚划算、淘特莱斯等。现在淘抢购的流量可以和聚划算媲美，如果能参加淘抢购，效果也不错。

（三）类目活动

类目活动主要是类目频道和类目主题的活动。每个一级类目都有属于自己的类目频道，频道内会有固定的频道活动及不定期的主题活动。

淘宝活动报名：进入我的淘宝，按"卖家中心"→"营销中心"→"活动报名"的顺序单击按钮，在出现的页面中有可参加的活动，从中选择适合的活动报名即可。淘宝活动界面如图 4-73 所示。

图 4-73　淘宝活动界面

七、淘宝直播

（一）淘宝直播介绍

淘宝直播是阿里巴巴在 2016 年 5 月推出的消费生活类直播平台，也是新零售时代体量巨大，消费量与日俱增的新型购物场景，更是千万商家店铺"粉丝"运营、互动的营销利器。

淘宝直播内容涵盖潮搭美妆、珠宝饰品、美食生鲜、运动健身、母婴育儿、生活家居、健康咨询、在线教育、音乐旅行等各类生活领域，仍在不断扩展。

（二）开通直播权限

淘宝商家无须任何入驻费用，零门槛，卖家只需下载"淘宝主播 App"，单击"立即入驻"按钮，即可进行实人认证成为主播。下载 App 的二维码及 App 界面如图 4-74、图 4-75 所示。

IOS 下载二维码

Android 下载二维码

图 4-74　"淘宝主播 App" 下载二维码

图 4-75 淘宝主播 App 界面

(三) 淘宝直播操作流程

(1) 开通直播。商家使用网店主号，达人使用后续开播的账号，登录淘宝主播 App，点击"立即入驻"，勾选协议并根据提示进行实人认证，如图 4-76 所示，实人认证通过代表直播发布权限已开通。

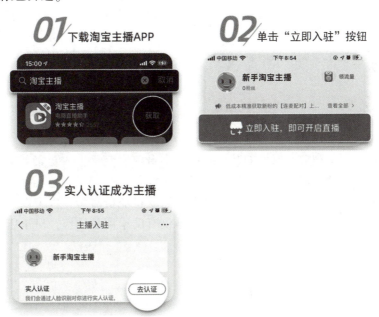

图 4-76 淘宝主播 App 安装顺序

(2) 创建直播。单击"创建直播"→"开始直播"按钮，进入直播间。主播可以选择执行上架新品、与"粉丝"互动、分享直播等操作，还可以查看直播实时数据和随时结束直播。

（3）互动玩法。在淘宝直播中控台下面有互动按钮：直播氛围、信息卡、连麦游戏、连麦PK、主播连麦、"粉丝"连麦、互动游戏、福利抽奖等。通过设置这些互动玩法来增加直播过程中的促销力度和活动氛围。

（四）淘宝直播技巧

开通直播很简单，打造人气爆棚的直播间却不简单。如何提高淘宝直播的人气呢？商家可以参考以下技巧：

（1）充分的直播前准备。良好的直播效果在于整个直播活动的策划，包括选品、直播脚本的准备、直播前预热等。

（2）设计具有视觉冲击力的直播封面与淘宝商品要设计精致的图片一样，淘宝直播也需要有一个颇具吸引力的封面图。封面图要色彩明亮，与直播的内容相符合，不能有任何图片本身之外的元素，也尽量不要有文字。

（3）设置具有吸引力的标题。直播的内容可以是简单的生活分享，也可以是实用教程，但无论直播的内容是什么，都要用一个标题来说清楚这个视频的主旨。在设计视频标题时，商家可以参考"视频利益点+视频适合的对象+应用场景+视频内容分类"的结构，字数建议不要超过22个。

（4）做好内容定位。在直播过程中，商家可以通过真人试穿、试用、试吃等形式让买家对商品产生更加直观的认识，着重宣传商品的卖点，清楚地说明商品的优势有哪些，从而提高商品的成交率。

（5）增加直播的趣味性。商家要设法增加直播的趣味性，在直播的过程中，可以穿插一些新颖、搞笑、热点的内容，这样才能提高老客户的忠诚度，同时让更多的新客户产生兴趣。此外，商家还可以将直播的内容拟生活化，在介绍商品时，将其应用到实实在在的生活情境中，这样既能增加直播内容的趣味性，又能让买家感受到商品的实用性。

任务四　站外推广

站外推广是指利用淘宝网以外的其他互联网平台获取流量，如卖家可以通过参与导购类、团购类网站的活动，进而推广、销售商品；再如通过微博、微信、抖音等社交媒体推广商品并获得流量。一般而言，利用站外推广可以获得免费流量，也可以通过交换友情链接、广告等付费方式获得流量。利用站外平台不仅有助于商品销售，对于店铺品牌形象的提升也有很大作用。

一、返利类网站

返利类网站是网站与淘宝开店商家达成协议，凡是买家通过合作平台前往商家成功购买商品，淘宝开店商家根据商品金额支付给合作平台一定的费用的网站。目前主要合作形式为CPS（按销付费）盈利模式。主要网站包括返利网（如图4-77所示）、返还网、券妈妈优惠券网、给惠网、卷皮网、易购网等。现有的返利平台质量参差不齐，在选择返利平台过程中，需要选择有实力、信誉好的大平台，以确保自身利益。

图 4-77　返利网界面

二、导购类网站

导购类网站是指导对网上购物不熟悉的消费者，或是把各大电商网站进行对比后，挑选出一些高性价比商品的导购网站。常见的导购类网站包括什么值得买、买购网（Maigoo）、识货、慢慢买等。

以什么值得买（见图 4-78）为例，该平台是集导购、媒体、工具、社区属性为一体的消费决策平台，包含好物榜单、商品百科、消费众测、新锐品牌等子频道，是颇具影响力的消费门户网站。

图 4-78　什么值得买网站界面

什么值得买网站不卖货，但作为第三方导购平台，把来自不同电商的优惠商品信息汇总起来，促销活动、打折商品、限量抢购等信息，在什么值得买都能看得到。"双11"抢购、"黑五"海淘节更是什么值得买的拿手好戏，超多优惠信息一次性满足消费者。同时，什么值得买还提供大量购物攻略，手把手带消费者一起抢神价、捡白菜，享受低价。在什么值得买还有大量的网友原创内容，记录生活，也乐于辛辣点评，甚至还有一些领域的专家达人。什么值得买好物频道，旗下包含好物榜单、社区、海淘、百科等独立子频道、致力于搭建决策性的消费决策内容平台，努力通过各子频道内容，帮助消费者迅速选购心仪商品及品牌。"好物榜单"是什么值得买旗下基于商品百科衍生的新型内容形态，包括品类选购榜单及销量排行榜单。内容类型涉及品牌新品、时效热点、选购参考、购物场景、新奇好物等多种内容类型，专注于以轻量化、结构化内容形态，更好地帮消费者迅速选购心仪商品及品牌。"商品百科"，是由什么值得买用户分享、品类共建的优质商品百科全书，收录淘友们听过、见过或者使用过的，愿意向更多人推荐的优质商品。当消费者选购商品时，通过搜索或分类、标签筛选，帮消费者迅速找到心仪商品。什么值得买 App 界面如图 4-79 所示。

图 4-79　什么值得买 App 界面

三、社交类网站

社交类网站是指淘宝开店卖家以个人关系网络为核心开展的关系营销，重点在于建立新关系、巩固老关系，以支持其业务的发展，包括微博、微信、贴吧、知乎等平台。

（一）微博推广

微博是一个公开的社交平台，通过微博可以达到实时发布和显示信息的目的。微博用户数量非常大，可以通过微博进行推广。

（1）注册和关注店铺。使用微博进行推广时，首先需要注册一个微博账号，然后引导买家关注店铺微博，通过微博不时为买家推送各种活动信息，吸引其前来购买。在注册微博时，微博名称最好设置为店铺名称，也可在其中添加店铺的类目和品牌等。此外，微博的个性域名最好与店铺相关联，如店铺名称的全拼等。这样设置一方面能使微博"粉丝"一目了然地看到微博品牌，记住店铺名称；另一方面关键词如果对搜索引擎友好，搜索品牌关键词排名将更靠前。

在注册微博的过程中，微博会引导用户进行个人标签设置。在设置网店推广微博的个性标签时，卖家可选择与自己的商品、行业相关的标签。设置好标签后，微博通常会主动推荐标签相同的用户，通过该推荐可拓宽社交圈，与性质相同的微博进行友好互动。

微博设置是微博注册中非常重要的一个环节，特别是对于需要推广品牌的官方微博而言。一般来说，微博设置中包括个人资料、个性设置等内容，在个人资料中可以对店铺进行简单描述，展示网店的属性和文化，为店铺建立起良好的形象，还可添加店铺的链接，方便"粉丝"直接进入。图4-80所示为华为手机推广的微博主页。

图4-80　华为手机推广的微博主页

（2）转发抽奖。转发抽奖是指通过店铺的官方微博与"粉丝"进行互动，从转发当前微博的"粉丝"中抽取几名用户赠送奖品。转发抽奖是一种十分常见的推广方式，通过转发抽奖不仅可以将店铺或活动推广至"粉丝"的"粉丝"，扩大影响范围，还可累积更多的"粉丝"，吸引更多的关注量。转发抽奖一般都是以"关注+转发"的形式实现。

（3）晒图有奖。晒图有奖是指通过店铺官方微博策划和组织的一种活动形式，其内容为通过邀请买家上传商品图片并@官方微博的方式让买家参与到活动中来，官方再对参加活动的买家图片进行评比和投票，选出人气最高的商品图片，颁发相应的奖品。晒图有奖可以使买家体会到购买商品后的参与感，既可以宣传商品，又能培养买家忠诚度，是非常有效的一种微博推广方式。

（4）发布话题。发布话题是指在微博上发布指定描述对象的主题，如"春节除夕上哪儿"等。通过微博平台发布话题后，话题将以超链接的形式进行显示，单击该话题即可打开相关话题页面，微博用户在搜索相关关键词时也可搜索到该话题信息。一般来说，活动、品牌名等都可以设置为专门的话题，官方微博要有意识地引导"粉丝"针对话题进行讨论，这样不仅可以起到使话题醒目的作用，而且当话题的发送量达到一定数量时，官方微博还可对话题进行推送，展示给更多的微博用户查看。因此，店铺官方微博在发布微博时尽量带上相关话题。

（二）微信推广

微信是当下人们使用较广泛、依赖度较高的 App，因此以微信为渠道开展网店推广的商家越来越多，甚至有些商家直接将微信渠道作为客户私域流量运营的最佳选择。尽管腾讯对淘系链接进行了部分限制，但依旧无法阻挡商家的热情，尤其是淘系陆续推出的淘口令、微海报等推广工具可谓是商品微信推广的"神器"。一般而言，商家在微信端推广主要借助微信公众号、微信群、微信号、微信朋友圈四种形式。借助微信公众号进行品牌宣传、新品发布，借助微信群实现对客户分类维护、新品发布、活动预热，借助微信号实现与客户一对一的沟通交流、售后服务等，当然目前在微信体系内应用最为广泛的就是淘客通过微信群和微信朋友圈助力商家开展的推广。

（1）微信朋友圈推广。微信朋友圈是微信推广中比较常见的一种方式。图片、活动、店铺宣传等都可以发送到朋友圈中进行推广，但是朋友圈中的内容一般只能由微信好友查看，局限较大。为了扩大商品在朋友圈的影响范围，店铺可以通过策划活动、会员营销等方式，引导和邀请买家添加店铺的微信号，再通过淘宝网制作手机宣传海报，发送至朋友圈增加点击量。

（2）微信公众号推广。微信公众平台是一种通过公众账号推广媒体信息的平台。商家通过申请微信公众号在公众号里进行自媒体活动，如通过二次开发展示商家微官网、微会员、微推送、微支付、微活动、微分享、微名片等。微信公众平台已经发展成为一种主流的线上线下互动营销方式。

按照微信公众号性质的不同，可将其分为个人账号和企业账号、订阅号和服务号等，但不管是哪一种类型的公众号，其目的都是为个人或者企业创造价值，而创造价值的前提则是做好推广内容。

① 账号注册。在微信平台注册公众号时，首先需要明确该公众号是个人账号还是企业账号。一般应将账号规划成一个品牌来进行运营，即在微信、微博等媒体中都使用相同的账号名称，从而更好地发挥品牌优势。图 4-81 所示为华为手机微信公众号。

② 内容编写。微信推广的内容一般为图文结合的形式，文字要求排版整齐，图片要求精致美观，内容要具有可读性，可以吸引用户阅读。例如，以知识分享的形式做推广，可引起用户的兴趣，拉近与用户的距离，同时策划的店铺活动也可通过微信公众号进行宣传。内容编写完成后，可以同时发布到其他的自媒体上。

③ 用户互动。在微信公众号中，可以设置"进店购买""教程干货""每月活动"等菜单，并在菜单中分别设置相关的子菜单，为用户提供相关服务等。此外，发布内容后会收到部分"粉丝"的回复，此时需要多与"粉丝"进行互动，对"粉丝"的问题进行选择

图 4-81 华为手机微信公众号

性的回复,以维护"粉丝"关系。对于部分类似的问题,可以设置自动回复或关键词回复。在回复中将相关文章信息添加进去,"粉丝"阅读时直接回复关键字,即能查看对应的文章。图 4-82 所示为华为手机微信公众号菜单和子菜单。

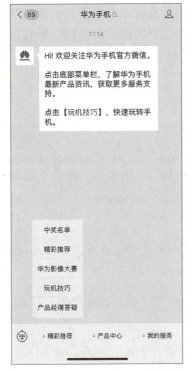
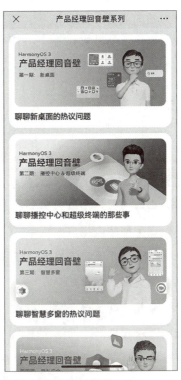

图 4-82 华为手机微信公众号菜单和子菜单

(三) 抖音短视频推广

短视频缩短了商家与用户之间的传播路径，具有极强的变现能力，很多商家纷纷开展短视频营销，其中抖音平台成为短视频领域的中流砥柱。一般认为，商家可以通过抖音短视频广告、抖音商品橱窗和抖音直播进行店铺推广。其中抖音短视频广告包括信息流广告、开屏广告、TopView 广告等几种形式。另外，还有抖音挑战赛、固定位广告、搜索广告、贴纸等创意、互动类的广告形式，将内容分发与商业营销相结合以助力企业在抖音内形成完整营销闭环。

(四) 头条号推广

头条号是主要的信息流投放媒体之一，致力于帮助企业、机构、媒体和自媒体在手机端获得更多推荐和关注的机会，实现品牌传播和内容变现。

除了常规的站外推广方式和新兴短视频、直播领域的抖音、快手、映客推广等，还有传统的 Email 推广，论坛、问答系统的线索推广。总之，只要有客户出现的地方，就存在推广的手段、推广的价值。今后随着互联网环境的变化，网络推广形式、方式、手段还会出现不断的发展和革新。

小 结

网店推广首先面临的就是流量问题，网店的流量即网店的访问量。对于网店而言，其流量来源主要分为站内流量和站外流量，有了流量之后就需要提升网店的转化率了。本章从店内推广、站内推广、站外推广三个方面介绍了网店推广的内容，旨在让读者掌握网店推广的各种方法和技巧，有效提高网店的流量和转化率。

实训练习

实训任务一：淘宝网店内推广活动的设置

从淘宝网店内推广工具单品宝、优惠券、店铺宝、搭配宝、淘金币抵扣等方式中至少选择五种方式对自己的淘宝网店进行营销推广。

实训任务二：淘宝网站内推广

下载淘宝主播 App，开通淘宝直播，根据店铺的主营类目进行一次实训直播带货。

实训任务三：淘宝网站外推广

选择一种社交营销工具，如微博、微信、抖音等，推广网店中的一款商品。

实训任务四：课赛实训

进入"1+X"网店运营推广职业技能等级证书（中级）平台，完成 SEO（搜索引擎优化）、SEM（搜索引擎营销）、信息流推广任务的实训。

课后习题

一、单选题

1. 活动及流量入口页面的主题新颖独特,才能吸引买家的注意力与兴趣,依据( )不同,活动及流量入口页面呈现的诉求点也不同。
   A. 活动性质　　　　B. 活动力度　　　　C. 活动规模　　　　D. 活动时间

2. 在报名聚划算的时候,一般是原价的( )左右,如果成交价格过高会导致竞价无优势,而无法通过聚划算审核。
   A. 1折　　　　　　B. 3折　　　　　　C. 5折　　　　　　D. 8折

3. 淘宝活动包括淘宝官方活动和第三方活动,以下属于淘宝官方活动的是( )。
   A. 聚划算　　　　　B. 黑色星期五　　　C. 网购星期一　　　D. prime会员日

4. 网店的营销工具是多种多样的,以下不属于淘宝平台营销工具的是( )。
   A. 聚划算　　　　　B. 直通车　　　　　C. 网购星期一　　　D. 钻石展位

5. ( )是指针对各种搜索引擎的检索特点,让网页设计符合搜索引擎的搜索原则及搜索算法,从而获得较好排名的方法。
   A. 搜索引擎推广　　　　　　　　　　　B. 搜索引擎优化
   C. 搜索引擎营销　　　　　　　　　　　D. 搜索引擎登录

6. 在商品标题中"数码相机"和"大码服装"属于哪一类关键词?( )
   A. 品牌　　　　　　B. 属性　　　　　　C. 促销　　　　　　D. 评价

7. 为方便商家在淘宝上推广自己的商品,淘宝为其量身定做的推广工具是( )。
   A. 淘宝商盟　　　　B. 淘宝论坛　　　　C. 淘宝直通车　　　D. 友情链接

8. 淘宝客和直通车最大的区别是( )。
   A. 都是淘宝平台的一种推广模式
   B. 前者是按成交计费,后者按点击付费
   C. 能让卖家更好地获取流量取得订单
   D. 能针对性的定向推送到指定的目标用户

二、多选题

1. 在SEM推广中,关于标品关键词策略描述正确的是( )。
   A. 商品的同质化严重
   B. 标品类目的关键词较少,大都是属性词或者品牌词等短词
   C. 标品类目关键词出价时可以通过提高精准长尾词的出价,抢占精准流量
   D. 标品的推广费用相对而言要比非标品的高

2. 下列关于SEM、SEO的描述正确的是( )。
   A. 自然搜索结果排名的SEO推广效果是有限的
   B. SEO工作需要较长的时间才能看到成效
   C. SEM可以指导SEO的关键词策略
   D. SEM可以通过竞价的方式快速获得流量

3. 卖家新建了直通车标准推广计划,并为推广宝贝选择好创意图片,接下来就可添加关键词。则卖家可通过以下哪些方法添加直通车关键词?( )

A. 生意参谋相关词搜索   B. 流量解析推广词下载
C. 淘宝搜索框下拉词   D. 直通车系统推荐词

4. 以下关于视频信息流广告的特点，说法正确的是（   ）。

A. 转化效果好，推广成本低于 SEM
B. 游戏类、功能性产品推荐使用
C. 可展示的信息较多，表现力更强
D. 绘声绘色，能够向用户展示沉浸式体验内容

5. 微博推广营销方式有（   ）。

A. 邀约刷单   B. 抽奖活动
C. 网红、明星转发   D. "粉丝"互动

6. 站外推广方式有（   ）。

A. 钻展   B. 直通车   C. 微信   D. 微博

三、简答题

1. 优惠券有哪几种类型，各自有什么特点？
2. 商品标题优化时可以通过哪些途径查找关键词？
3. 简述直通车推广中商品的排名规则。
4. 淘宝直播中如何与"粉丝"互动？

项目五

网店数据分析

 学习目标

素质目标：
- 通过任务培养学生注重科学原理、用科学的思维分析问题的意识。
- 通过任务培养学生守法意识，具有客户隐私保护及个性化客户服务理念。
- 通过任务培养学生数据敏感性及精细化流量管理理念。

知识目标：
- 通过任务让学生掌握网店数据分析的相关概念。
- 通过任务让学生掌握网店运营数据分析工具。
- 通过任务让学生掌握网店运营数据分析指标。

技能目标：
- 通过任务让学生学会使用生意参谋分析实时概况图、店铺概况、实时访客榜、流量看板图表、类目看板图、竞争情报图。
- 通过任务让学生学会使用生意参谋流量纵横查看流量来源及进行进店分析。
- 通过任务让学生学会对店铺销售数据进行精准诊断，反馈进行店铺优化的方法。

 **项目导入**

在大数据诞生之前，很多卖家都是依靠行业经验来运营网店的，而现在已经有越来越多的卖家意识到数据是网店运营坚实可靠的后盾。不通过数据分析就决定运营策略的网店，在大数据时代都将被淘汰。随着网店竞争越来越激烈，数据分析渐渐成为一种有效的营销武器，进入了网店卖家的视野。

任务一　网店运营数据分析的意义和流程

一、网店运营数据分析的意义

数据分析在网店运营中扮演了多重重要角色：可以是预测师，帮助网店选款、预测库存周期、预测未来风险；可以是规划师，通过数据分析，合理规划网店装修板块和样式；可以是医师，诊断网店的状况，对"已生病"的网店找出"病源"并对症下药；可以是行为分析师，通过买家购买的物品、单价、花费、活跃时间、客服聊天反馈等分析买家的行为特性；可以是营销师，通过对现有资源的合理分析，做出最优的销售计划，促进销量增长。

监控网店数据有四大作用：及时发现问题、分析多重问题、建立历史档案和自由对比分析。

二、网店运营数据分析流程

网店运营数据分析流程一般包括收集数据、量化分析、提出方案和优化改进，如图5-1所示。

图5-1　网店运营数据分析流程

（一）收集数据

在做数据分析之前，首先需要收集和获取数据，尽量获得完整、真实、准确的数据，做好数据的预处理工作，以便于后期分析工作的开展。网店数据获取的途径主要有以下四种：

（1）网店后台的数据。网店后台可以获取的数据有买家数据（购买时间、用户性别、所属地域、来访次数、停留时间等）、订单数据（下单时间、订单数量、商品品类、订单金额、订购频次等）、反馈数据（客户评价、退货换货、客户投诉等）等。

（2）搜索引擎的数据。通过电商平台的搜索引擎可获取的数据有网店在"店铺"搜索中的排名及商品关键词在搜索中的排名情况等（利用淘宝网首页上方的搜索引擎及"宝贝"和"店铺"标签搜索）。

（3）统计工具的数据。网店可以使用的统计工具有很多，如淘宝网的生意参谋等。在统计工具中，可以获取访客来自哪些地域、来自哪些渠道、来自哪些搜索词、访客浏览了哪些页面等数据信息以及广告跟踪信息等。

(4) 调查问卷收集的数据。调查问卷是最常用的一种数据收集方法,以问题的形式收集用户的需求信息,卖家可根据店铺需要,自行设计问卷进行调查。

(二) 量化分析

数据分析不只是对数据的简单统计描述,而且在数据中发现问题的本质,然后针对确定的问题进行归纳、总结和分析。常用的数据量化分析方法有以下四种:

(1) 趋势分析。趋势分析是将实际达到的结果,与不同时期报表中同类指标的历史数据进行比较,从而确定变化趋势和变化规律的一种分析方法。具体的分析方法包括定基比、同比和环比三种方法。定基比是以某一时期为基数,将其他各期均与该期的基数进行比较;同比是本时期与去年同一时期进行比较;环比是分别以上一时期为基数,将下一时期与上一时期的基数进行比较。

(2) 对比分析。对比分析是把两个相互联系的指标数据进行比较,从数量上展示并说明研究对象规模的大小、水平的高低、速度的快慢,以及各种关系是否协调。在对比分析中,选择合适的对比标准是十分关键的步骤,标准合适,才能做出客观的评价,反之可能会得出错误的结论。

(3) 关联分析。如果两个或多个事物之间存在一定的关联,那么其中一个事物就能够通过其他关联事物进行预测。关联分析的目的是挖掘隐藏在数据之间的相互关系。例如,对于一家网店,到底如何提高转化率?一个行业的转化率多少才是合理的?买家看了宝贝是否会购买?这些都和单品的价格、宝贝的展现、客服工作质量、导航的清晰度、活动推广内容、历史评价等有着非常密切的关系。

(4) 因果分析。因果分析是为了确定引起某一现象变化的原因的分析,主要解决"为什么"的问题。因果分析就是在研究对象的先行情况中,把作为它的原因的现象与其他非原因的现象区别开来;或者是在研究对象的后行情况中,把作为它的结果的现象与其他的现象区别开来。例如,可通过店铺在某一时期转化率的高低起伏,分析出现波动的原因,进一步采取改进措施,保持转化率的稳步提升。

(三) 提出方案

将数据量化分析的结果进行汇总、诊断,并提出最后的解决方案。

(1) 评估描述。对评估情况进行客观描述,用数据支持得出的观点或结论。

(2) 编制统计图表。运用 Excel 等工具对数据进行分析,绘制圆饼图、柱形图等常用统计图表,对基本情况进行更清晰的描述,或绘制散点图和折线图表现数据之间的因果关系。

(3) 提出观点。根据现实情况的数据分析,提出观点,得出结论,预判网店的发展趋势,给出具体的改进措施。

(4) 制作演示文档。基于以上三点进行总结归纳,列出条目,制作一份详细的演示文档,进行演示和讲解。

(四) 优化改进

经过数据分析和问题诊断,实施相应的改进措施,根据改进措施的推进,及时了解运营数据的变化，不断优化和改进，力争标本兼治，使同类问题不再出现；持续地监控和反馈，不断寻找能从根本上解决问题的最优方案。

数据分析是一项长期的工作，同时也是一个循序渐进的过程，需要运营人员实时监测店铺运营情况，及时发现问题、分析问题并解决问题，这样才能使网店健康、持续地发展。

任务二　网店运营数据分析的核心数据

网店运营中常用的数据分析指标有流量数据、页面数据、订单数据、转化率数据和其他数据。常见的店铺核心数据如图 5-2 所示。

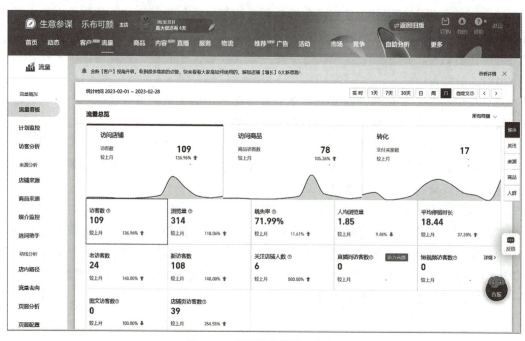

图 5-2　常见的店铺核心数据

一、流量数据

网店有销量的首要条件就是有买家进入网店，而进入网店买家的多少就代表了流量的大小。因此，流量数据是网店的重要监控对象。按照收费方式，流量数据可以分为免费流量和付费流量。

（一）免费流量

关键词搜索带来的流量，是指没有付费做广告推广，买家通过关键词搜索等途径进入网店中的流量。这类流量是网店最想要的流量，免费流量成本低、精准度较高。网店卖家都希望自己的商品能排在网站搜索页靠前的位置，因为排名靠前，点击量就大，网店获得的免费流量也就越多。

自主流量是指买家自己主动访问网店的流量，这样的买家通常是之前在网店中已经有过成功的交易经历，因此才会通过直接访问、收藏商品/网店、购物车等渠道来回访网店。这样的流量十分稳定，且转化率也很高。

站外免费流量，大多来自贴吧、论坛、社区、微博等，可以靠店主自己去发帖推广，也可以雇用别人去推广。这种流量的精准度不高，效果无法得到充分保证。

（二）付费流量

付费流量是指通过投放广告、按点击率计算费用等方法引入的买家流量。这样的流量精度高、容易得到，只要付费就会产生。淘宝网上常见的付费流量有淘宝客、钻石展位、直通车，以及淘宝的各种活动等。由于付费流量会增加成本，因此卖家需要仔细斟酌，以免投入产出比失衡。

当卖家发现流量在下降时，就要查看各类流量数据，分析不同类型流量的数据趋势，找出问题，弄清导致这类流量出现波动的因素，找到关键点所在，从而对症下药。

二、网店主要页面数据

（一）首页数据

（1）流量（Page View，PV）。首页的流量大约占全店总流量的15%，如果网店在做促销之类的活动，流量就会再增大一些。

（2）独立访客数（Unique Visitor，UV）。它是指一个客户进店访问，不论重复访问了多少次都计为1次。

（3）平均停留时间。平均停留时长=来访店铺的所有访客总停留时长/访客数（秒）。停留时长越长，代表访客对店铺越感兴趣，购买商品的可能性越高。

（4）店铺新访客占比。店铺新访客占比=来访店铺的新访客数量/当天访客数量。

（5）跳出率。跳出率指访客浏览了首页就离开网店的概率。首页的跳出率在50%左右属于正常水平。如果跳出率太高则说明首页的装修设计有问题，导致很多访客进入首页后就失去兴趣而离开。

（6）平均访问深度。访问深度是指用户一次连续访问的店铺页面数（即每次会话浏览的页面数），平均访问深度，即用户平均每次连续访问浏览的店铺页面数。换言之，平均访问深度是指用户浏览某个网站的过程中浏览了该网站的页数的平均值。

用户访问网站的深度用数据可以理解为网站平均访问的页面数（平均访问深度），即PV和UV的比值（PV/UV），这个比值越大，用户体验度越好，说明网站的黏性也越高。

（二）商品页数据

（1）页面浏览量。它是指网店的商品页面被查看的次数。访客多次打开或刷新一个商品页面，该指标值累加。想让访客购买网店中的商品，毫无疑问，首先要做的就是让他们看到该商品，商品的浏览量越大才越有可能提高销量。

（2）独立访客数。在所选定的时间段内，同一访客多次访问商品页会进行去重计算。

(3) 咨询人数。咨询人数指的是浏览了商品页面后进行咨询的人数。

(4) 跳出率。访客进入商品页后，就要看跳出率这个指标了。跳出率越高，说明商品页问题越大，卖家就要从商品页的图片、描述、价格等方面去改进。

(5) 收藏类数据。关于网店的收藏类数据，主要需要关注的是单品的收藏数据和网店的收藏数据。

三、客服数据

客服可以说是网店运营好坏的重要因素，并且网店做得越大就需要越多的客服，因此必须重视对客服的培养与激励。想检验网店每个客服的工作态度如何、业绩如何，就需要监控客服数据。监控客服数据，不是简单地了解每个客服每天的业绩是多少，而是需要精准地统计客服数据，其中有以下要点：

(1) 对客服个人、客服团队、静默销售、网店整体数据进行全方位的统计分析。

(2) 统计客服的销售额、销售量和销售人数。

(3) 统计客服客单价、客件数和件均价，分析客服关联销售的能力。

(4) 多维度统计客服的转化成功率，包括询单到最终下单的成功率，下单到最终付款的成功率，以及询单到最终付款的成功率。

对于淘宝卖家，通常情况下都会选择订购一些客服管理工具，来实时管理监控客服，如"赤兔实时绩效"等。

为了公平有效地评价客服人员的工作业绩、工作能力和工作态度，及时纠正偏差，改进工作方法，激励争先创优，优化整体客服团队，从而全面提升客服质量和企业效益，许多网店都会制定客服KPI（关键绩效指标）考核方案。淘宝客服KPI考核是指淘宝卖家通过对客服人员进行目标式的量化考核，使网店的总体运营目标可以分解成可操作性强、分工明确的个体目标。同时，淘宝客服KPI考核明确规定了客服人员的任务和业绩衡量指标。

四、店铺动态评分数据

店铺动态评分是指买家在淘宝上购物成功后，针对本次购物给出的评价分数。当前的淘宝网和天猫商城的店铺动态评分系统包括"宝贝与描述相符""卖家的服务态度""物流服务的质量"三个方面。

店铺动态评分与网店商品的搜索排名关系密切，因此，提高店铺动态评分是每一个卖家的愿望。只要卖家认真做好销售服务，保证商品质量，站在买家的角度考虑问题，提高店铺动态评分并不难，具体来说卖家可以从如下几方面做起：

(1) 商品详情页的准确描述。

(2) 发货后第一时间通知买家。

(3) 跟踪物流并提醒买家收货。

(4) 使用质量好的商品包装。

五、转化率数据

转化率根据买家行为的不同，可以分为静默转化率和咨询转化率；根据收费方式的不同，又可以分为免费流量转化率和付费流量转化率。

（一）静默转化率

静默转化率产生过程如图 5-3 所示。

图 5-3　静默转化率产生过程

与静默转化率相关的因素：价格、评价、商品描述、网店装修、活动因素。

（二）咨询转化率

咨询转化率产生过程如图 5-4 所示。

图 5-4　咨询转化率产生过程

（三）免费流量转化率

免费流量主要来源是通过搜索关键词而得到的访问流量。因此要提高免费流量，就要在商品关键词、价格、展示图片等方面下功夫，并且也可以在站外多宣传自己的网店。

（四）付费流量转化率

付费流量最常用到的就是淘宝直通车。直通车是按点击次数付费的效果营销工具，可以实现对网店中商品的精准推广，为网店带来流量。由于淘宝直通车是付费的，所以最好每一次付费的点击都能带来转化率。提高直通车转化率的注意事项：

（1）卖家具备一定的经验。
（2）商品图片足够美观。
（3）商品价格适中。
（4）商品有一定的销量。
（5）量力而行。

六、其他数据

除上述数据以外，在店铺经营中，还存在一些其他数据，虽然使用频率不高，但也可以为店铺经营的某些方面提供参考。

（一）连带率

连带率是指销售的件数和交易的次数相除后的数值，反映的是顾客平均单次消费的产品件数。对于追求多业态混合消费的店铺来说，连带消费是店铺经营的核心，品牌组合固定时，要提升客单价就看连带率是否能提高。连带率的计算公式为：连带率＝销售商品总数量/成交订单总数×100%。

（二）库存数据

在店铺运营中，库存数据分析可以帮助店铺做库存分析，实现库存的合理配置，从而实现在保证正常原材料供应的同时，最大限度地减少库存。具体库存数据主要包括：库存天数＝期末库存金额×(销售期天数/某个销售期的销售金额)；库存周转率＝销售数量/(期初库存数量+期末库存数量)/2]×100%；售罄率＝某段时间内的销售数量/(期初库存数量+期中进货数量)×100%。

（三）退货率

退货率，顾名思义，就是指已经发出去的订单被客户申请退回的比率。由于退货率会影响店铺的评分、库存以及宝贝的搜索等，因此退货率也成为分析店铺运营状况的数据之一。退货率数据包括：金额退货率＝某段时间内的退货金额/总销售金额×100%；订单退货率＝某段时间内的退货订单数量/总订单量×100%；数量退货率＝某段时间内的商品退货数量/总销售数量×100%。一般来说，退货原因包括发货、物流和产品三类，可根据退货率的数据分析原因并解决相应的问题。

任务三　常用的网店数据分析工具

为帮助卖家对网店的经营数据进行分析和总结，淘宝网为卖家提供了多种数据分析和管理工具，比较常见的数据分析工具有生意参谋、阿里指数、百度指数等。

一、生意参谋

生意参谋平台是阿里巴巴推出的首个统一的官方数据产品门户，向全体商家提供一站式、个性化、可定制的商务决策体验。生意参谋不但秉承数据让生意更简单的使命，而且致力于为淘宝卖家提供精准实时的数据统计、多维的数据分析和权威的数据解决方案。商家可以通过生意参谋了解网店目前的经营情况，以及付费的来源分析和装修分析，并且可以按照小时、天、周、月，或者网店首页、商品页、分类页，记录网店的流量、销售、转化、推广及装修效果等数据，由此完善经营策略，提升销量。

生意参谋首页展示了网店经营全链路360°无死角的核心数据分析。首页的功能模块包括实时概况、整体看板、流量看板、推广看板、退款看板、财务看板、类目看板、竞争情报、行业排名等信息。生意参谋首页如图 5-5 所示。

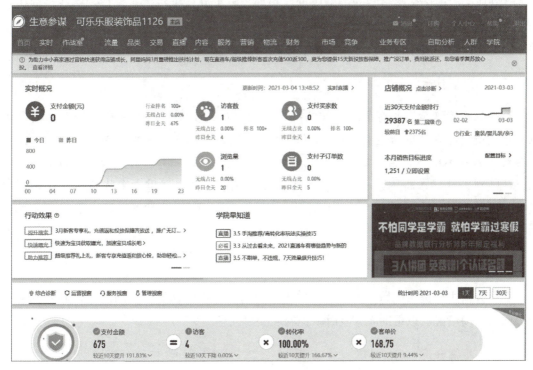

图 5-5　生意参谋首页

（一）实时直播

市场瞬息万变，卖家实时洞悉网店运营情况很有必要。卖家可以通过实时直播观测实时数据，及时调整策略，抢占生意先机。

（1）实时概况。实时概况提供网店实时的概况数据，主要包括实时访客数、实时浏览量、实时支付金额、实时支付子订单数、实时支付买家数及对应的排名和行业平均值，还提供小时粒度的实时趋势图，并提供历史数据对比功能，所有数据都可以按照所有终端、电脑端和无线端三种模式查看。

（2）实时来源。实时来源提供网店电脑端来源分布、无线端来源分布及地域分布。

（3）实时榜单。实时榜单主要提供商品 TOP50 榜单。商品 TOP50 榜单主要提供根据访客数、支付金额两种方式排序的前 50 个商品列表，并且还提供搜索功能，支持查询卖家想知道的商品实时效果数据。

（4）实时访客。实时访客主要提供网店的实时访客记录，帮助卖家实时了解网店访客的浏览情况。

（5）实时催付宝。实时催付宝实时更新在网店拍下而没有付款的买家。实时催付条件很苛刻，催付对象是下单未支付、未在其他网店下单且是潜力 TOP50 的买家，所以催付成功率很高。特别是在活动大促销的时候，可以专门安排一个客服来负责实时催付。

（二）流量分析

流量分析提供了全店的流量概况、来源分析、路径分析、页面分析等，可以帮助卖家快速盘清流量的来龙去脉,在识别访客特征的同时了解访客在网店页面上的点击行为,从而评估网店的引流、装修等方面的健康度,帮助卖家更好地进行流量管理和转化。网店流量主要分为电脑端流量和无线端流量,在生意参谋中可以分别查看不同端口的流量情况,并可查看与同行的对比情况。

(三)商品分析

商品分析展现全店所有商品的详细数据,用于帮助卖家实时掌握和监控网店商品信息,包括已发布在线的所有商品及 30 天已下架但有数据的商品信息,提供按支付金额和访客数排名的 TOP15 的商品数,提供最近 1 天、最近 7 天、最近 30 天及自然日的时间选项,还能对一些异常商品进行分析,如哪些商品流量下跌很严重、哪些商品支付转化率过低、哪些商品跳出率很高、哪些商品支付下跌、哪些商品没有成交量、哪些商品库存低等。

(四)交易分析

交易分析主要提供交易概况、交易构成和交易明细三个功能,从网店整体到不同粒度细分网店交易情况,以帮助卖家及时掌控网店交易问题。

(五)营销分析

营销分析包括营销工具和营销效果两大功能。

(六)取数分析

取数分析是提供给商家自由提取数据的工具,拥有丰富的网店维度的指标数据,可以提供不同时段的数据查询服务。取数分析包含"我要取数""我的报表"和"推荐报表"三大板块。

二、阿里指数

阿里指数是了解电子商务平台市场动向的数据分析平台。它根据阿里巴巴网站每日运营的基本数据,包括每天网站浏览量、每天浏览人数、每天新增供求产品数、每天新增公司数和每天新增产品数五项指标统计计算得出。阿里指数的主要功能模块有区域指数和行业指数(包括市场行情、热门行业、企业分析)。

阿里指数有新旧版本,旧版本可以查看"行业大盘",了解市场对这个类目的需求量大不大、市场的价格大概是多少;"阿里排行"可以查看搜索排行、产品排行、公司排行、企业官网排行四个榜单,可以收集到热搜关键词,并把这些关键词进行统计分析,运用到自己店铺的产品上。新版的阿里指数则可以查看到所在的商品类目的买家主要情况(性别、年龄、所处地区、购买习惯等),分析买家情况,帮助店铺进行主要人群定位。阿里指数如图 5-6 所示。

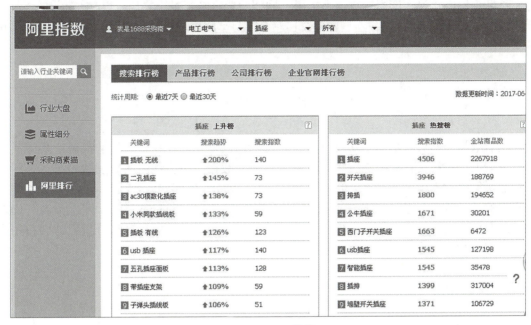

图 5-6　阿里指数

三、百度指数

百度指数是以海量网民的行为数据为基础的数据分享平台。百度指数能够告诉用户某个关键词在百度的搜索规模有多大、某一段时间内的涨跌态势、相关新闻舆论变化，以及关注这些词的网民特征、分布地区、同时还搜索了哪些相关的词，以帮助用户优化数字营销活动方案。百度指数如图 5-7 所示。

图 5-7　百度指数

百度指数的主要功能模块包括基于单个词的趋势研究（整体趋势、PC趋势以及移动趋势）、需求图谱、舆情洞察、人群画像，以及基于行业的整体趋势、地域分布、人群属性和搜索时间特征等。

<h1 style="text-align:center">小 结</h1>

网店数据分析可以帮助卖家发现网店运营中的问题，并且找到问题的根源，最终通过切实可行的办法解决存在的问题，同时基于以往的数据分析，预测网店发展趋势，为网络营销等决策提供支持。本章首先介绍了网店数据分析的意义和基本流程，然后分析了网店运营中的核心数据，最后介绍了常用的网店数据分析工具。通过本章的学习，读者可以对网店的数据分析有一个初步的认识，学会对网店运营中的核心数据进行分析，学会运用数据分析工具对网店进行基本的数据分析。

实训任务

任务一：查看网店运营的核心数据

通过淘宝卖家中心后台和网店数据分析工具如生意参谋等查看自己网店的核心数据。

1. 在卖家中心后台查看网店的实时数据，如支付金额、访客数、支付买家数、浏览量、店铺动态评分、市场与竞争数据、网店行业排名、交易概况、纠纷数据等。

2. 在生意参谋中查看网店运营的详细数据，如实时数据、流量数据、商品数据、交易数据、服务数据、物流数据、营销数据、财务数据、市场数据、竞争数据等。

实训任务二：运用数据分析工具对网店进行数据分析

1. 简述网店运营数据分析的流程。

2. 进入卖家服务市场查找数据分析工具，必要时订购相应的工具，如"赤兔实时绩效"等。

3. 运用数据分析工具对自己的网店进行分析。

课后习题

一、名词解释

1. 趋势分析：

2. PV：

3. UV：

4. 静默转化率：

5. 网店客单价：

6. 旺旺回复率：

二、单项选择题

1. 淘宝网店转化率的计算方法为（　　）。

A. 转化率=产生购买行为的访客人数/所有到达网店的访客人数×100%
B. 转化率=点击次数/展现次数×100%
C. 转化率=成交的总笔数/进店买家总数×100%
D. 转化率=进店买家总数×成交率×单笔平均成交率×100%

2. 计算淘宝网店的动销率,一般是以(　　)为一个周期。
   A. 30天　　　B. 90天　　　C. 10天　　　D. 60天

3. 下列关于提升店铺转化率的说法中,错误的是(　　)。
   A. 需要做好关联销售　　　B. 需要有正确的销售策略
   C. 需要有良好的用户体验　　　D. 低价策略是关键

4. 某网店当天总访客数为8 000个,网店浏览量为23 000,共产生订单500单,其中55%的订单未进行客服咨询直接下单,剩余的订单在下单时均进行了客服咨询,以下描述正确的是(　　)。
   A. 该网店的客服咨询转化率约为8.81%　　　B. 该网店的成交转化率约为6.25%
   C. 该网店的下单转化率约为3.25%　　　D. 该网店的静默转化率约为3.44%

5. 下列关于公式"成交额=流量×转化率"的说法中,错误的是(　　)。
   A. 保持转化率不变,网店引入流量越多,成交额越高
   B. 保持流量不变,网店的转化率越高,成交额越高
   C. 网店流量增多,转化率提高,则成交额一定提高
   D. 网店流量减少,转化率提高,则成交额一定降低

6. 某家店铺今天通过搜索获得的UV为50,通过直通车获得的UV为80,一共成交了13笔交易,那么(　　)。
   A. 店铺今天一共获得了80个UV　　　B. 店铺今天的转化率为10%
   C. 店铺今天的PV为130　　　D. 店铺今天的跳失率为10%

7. 店铺诊断需要考虑以下哪些要素?(　　)
   A. 店铺违规　　　B. 店铺不良运营习惯
   C. 查看店铺商品违规情况　　　D. 数据分析

8. 以下属于流量数据的是(　　)。
   A. 转化率　　　B. DSR评分　　　C. 支付金额　　　D. 跳出率

9. 生意参谋可以查看到哪些数据?(　　)
   A. 店铺的新老用户比例　　　B. 访客的地域分布
   C. 访客的男女比例　　　D. 商品关键词

10. 单个商品详情页的转化率该如何计算?(　　)
    A. 转化率=产生购买行为的客户人数/所有到达店铺的访客人数×100%
    B. 转化率=产生购买行为的客户人数/所有到达该商品页面的访客人数×100%
    C. 转化率=咨询客服的客户人数/所有到达店铺的访客人数×100%
    D. 转化率=产生购买行为的客户人数/咨询客服的客户人数×100%

三、简答题

1. 网店卖家最应关注的网店运营数据有哪些?
2. 生意参谋的主要功能有哪些?
3. 通过生意参谋查看网店数据,总结网店存在的问题并参考系统建议进行解决,写出网店数据分析报告。

参 考 文 献

[1] 肖凯,黄效文. 淘宝网店运营全能一本通[M]. 北京:人民邮电出版社,2003.
[2] 宋卫,徐林海. 网店运营实务[M]. 北京:人民邮电出版社,2023.
[3] 方玲,毛利. 电商视觉营销全能一本通[M]. 北京:人民邮电出版社,2020.
[4] 应旭萍,卢倩. 网店视觉营销[M]. 北京:电子工业出版社,2013.